Rich Dad Poor Dad for Teens
The Secrets About Money——
That you Don't Learn in School!

ロバート・キヨサキ
＋
公認会計士
シャロン・レクター
白根美保子 訳

金持ち父さんの
学校では教えてくれない
お金の秘密

筑摩書房

読者のみなさんへ　この本にはどんなことが書かれているか

「私はまだ子供で、お金なんてたいして持っていないのに、なぜお金についての本なんて読まなければいけないんだ？」今そんなふうに疑問に思っているあなた、あなたのような人にこそ、この本を読んでもらいたい。お金について学ぶのは早ければ早いほどいい。あとになってお金を手に入れるのが楽になるし、年をとってからお金の心配をしなくてすむ。

お金のことを考える時は頭をやわらかくしよう。学校や家でこれまで慣れ親しんできた考え方は捨てて、新しい考え方、ものの見方をすることが大事だ。この本のパート1では、お金についてどのようにして学んだらいいか、その方法についてお話しする。ここを読めば、それがだれにでも学べることがよくわかる！

あなたは知っていただろうか？――新しい情報を取り入れるのがむずかしく感じられる時、問題はあなた自身ではなく、あなたがこれまで教えられてきた学習方法にある、ということを。

昔のやり方が新しい情報の理解に役立つわけがない。学習の方法は一つだけではない。学校は人生で必要なことを全部教えてくれるわけではない。とくにお金のように実際的なことに関しては、あまり教えてくれないと思った方がいいかもしれない。第一章では、お金について学ぶための新しい学習方法についてお話しする。

私は子供の頃、親友のマイクの父親で、私が「金持ち父さん」と呼んでいる人から、お金についていろいろな「秘密」を学んだ。今度は私が教える立場になって、それをみんなに伝えよう。そう思って書いたのがこの本のパート2だ。

いい教育を受ければ、いい仕事につけて、いい給料がもらえ、いい家に住み、車が二台持て、引退後は貯金で食べていける……あなたの両親や学校の先生は、まだそんなふうに言っているのではないだろうか？　確かに両親や先生が子供だった頃はそのとおりだった。でも今は違う。使い古した料理本は捨てて、新しい材料を使って料理を始める時が来ている。第二章ではこの新しいルールを身につけることを学ぶ。

どんなに小さなことでも、どんなに退屈なことでも、何かやれば必ず何か学べる。第三章は、自分の部屋を掃除《そうじ》したり、ゴミを外に出したり、コンビニのアルバイトで缶詰《かんづめ》を並べたりすることについて、より深く考えるきっかけとなるだろう。

「何もしなくてもお金がどんどん入ってきたらどんなにいいだろう！」そんなふうに考えてい

る人は、魔法の本でも読んだ方がいいかもしれない。でも、実は、魔法など使わなくても、「お金を自分のために働かせる」ことは可能だ。私はその方法をわずか九歳《さい》の時から学び始めた。第四章ではその方法についてお話しする。

人生には山もあれば谷もある。いい時もあれば悪い時もあり、プラスもあればマイナスもある。お金の世界ではプラスを生むものを資産《しさん》、マイナスを生むものを負債《ふさい》と呼ぶ。あなたのポケットにお金を入れてくれるものが資産で、あなたのポケットからお金を取っていくものが負債だ。第五章では、ポケットをいつもお金でいっぱいにしておく方法を紹介する。また、金持ちになりたい人が覚えておくべき「ただ一つのルール」もここで紹介する。

金持ちが金持ちであり続ける最大の理由は、キャッシュフローの秘密を知っているからだ。彼らは資産からの収入で支出をまかない、残った収入を資産に戻《もど》す。第六章では簡単な図を使ってこのキャッシュフローの仕組みを説明する。この章を読めば、それがどんなに単純なことかわかるだろう。それさえわかれば、お金の流れや財政状態を表す「財務諸表《ざいむしょひょう》」を見てもへっちゃらだ！

第七章は「ゲームで学ぶ」だって？　そう、そのとおり。ゲームは最も効果的な学習方法の一つだ。そのことについて書かれたこの章は読むだけでとても楽しくなる！

最後のパート3ではお金について基本的なことを学ぶ。お金を稼《かせ》ぐ方法、うまく配分する方

法、お金をただとっておくだけでなく増やす方法などだ。

まだ学生の人は、学校に行くのがフルタイムの「仕事」で、そのほかのことをやる暇《ひま》などないと思っているかもしれないが、作ろうと思えば時間はいくらでも作れる。宿題を終わらせてからだって、ビジネスチャンスを見つけることは可能だ。第八章では、決まった給料のもらえる仕事につくことと、自分でビジネスを起こして、お金を稼ぐ方法を作り出すことの違いについてお話しする。二番目のやり方ならば、稼ごうと思えばいくらでも稼げる！

第九章で取り上げる「自分にまず払《はら》え」という考えは、きっとあなたの気に入るだろう。ここでは、金持ち父さんの資産管理哲学についてお話しする。つまり、自分のお金を用途別に三つの貯金箱に貯めて、いっぱいになったらそれを使って何かやるという考え方だ。この方法は、クレジットカードを使って「借金」をしないようにするためにも役立つ。でも、すでに借金がある人も心配は無用だ。そういう人は次の章を読めばいい。

第十章の「借金を管理する」という章タイトルを見て、「この本はお金を稼ぐことについての本のはずなのに、なぜ借金の話なんてするんだ？」と疑問に思う人もいるかもしれない。あるいは、もうすでに、持っているお金よりも多くのお金を使ってしまっていて、目次を見て真っ先にこの章に目を通す人もいるかもしれない。家族のみんなに一台ずつ高級スポーツカーを買ってあげて、そのローンの返済に追われている……とでもいうのでない限り、まだ傷は浅いから治すのは簡単だ。だが、年をとればとるほど、修正はむずかしくなる。この最後の章では、

どっぷり借金漬けになってしまう前にそこから抜け出す方法と、クレジットカードを「正しく」使う方法について学ぶ。

世の中には、有利なスタートを切るチャンスがあちこちに転がっている。「おわりに」では、そんな実社会に乗り出す前にぜひ聞いてもらいたいことをいくつかお話しする。

自分を信じていれば可能性は無限だ。さあ、位置について……ヨーイ、ドン！

目次

Part 2 金持ち父さんのお金の秘密

第2章 金持ち父さんのお金の秘密　その一

金儲けのための新しいルールを学ぶ　53

Part 3

キャッシュフローを作り出す

第8章 中高生のための金儲けプラン・129

第9章 資産を管理する・143

Rich Dad Poor Dad for Teens

The Secrets About Money

——That You Don't Learn in School!

By Robert T. Kiyosaki with Sharon L. Lechter

金持ち父さんの　学校では教えてくれないお金の秘密

はじめに

「経済的自由」への旅はここから始まる

「経済的自由」というのは、お金の心配をしなくていい状態を意味する。経済的自由を目指す旅に出発する前に、まず次の質問に答えてみよう――

「はい」か「いいえ」で答えよう

□学校で習っているのは、自分の人生には関係ないことばかりだと感じることがあるか？

はい／いいえ

□学校では実社会に出るための準備は、本当にはできないと感じることがあるか？

□何か「買ってほしい」と親に頼むと、たとえそれがあなたにとって大事なものでも、「そんなものを買う余裕《よゆう》はうちにはない」と言われることが多いか？

はい／いいえ

□将来、親元から離れて生活を始めた時、自分が望むような生き方ができないのではないかと、ひそかに心配しているか？

はい／いいえ

□家や学校ではだれもお金の話をしないが、あなた自身はお金について本気で学びたいと思っているか？

はい／いいえ

質問に対する答えのうち二つ以上が「はい」だった人、この本はそんなあなたにぜひ読んで

もらいたい。

私は子供の頃、この五つの質問に対する答えが全部「はい」で、そのためにずいぶん苦労した。成績はいつもよかったわけではないし、高校一年生の時には、もう少しで落第するところだった。でも今の私は、自分の望み通りの人生を送っている。それは百パーセント経済的に自由な人生だ。

もしかするとあなたはもう、生活のいろいろな面で、経済的自由と独立を手に入れるために苦労し始めているかもしれない。家賃や車に入れるガソリン代を払う必要はないかもしれないが、友達との付き合いやデートに必要なお金をどうやって手に入れるか、すでに頭を悩ませているのではないだろうか？　一週間に一度映画に行ったり、CDを買ったり、恋人にプレゼントをしたりするためには、かなりのお金が必要だ。そのお金はどうやって手に入れたらいいのだろう？

あるいは、コンピュータや車など、何か大きいものを買うためにお金を貯め始めた人もいるかもしれない。そういう人にとっては、できるだけ短期間でお金を増やし、より早く望みの物を手に入れるために、この本がきっと役立つだろう。

また、親からもらったり、放課後や週末にアルバイトをしたりして手に入れたお金を計画的に使う方法や、やりくりする方法を学びたいと思っている人もいるだろう。そういう人も、ぜひこの本を読んで、その方法を学んでほしい。

また、両親の給料だけでは家族を養うことができず、年上の子供の収入をあてにしなければならない場合もよくある。もしかすると、あなたはそんな子供の一人かもしれない。

今の大人の多くは、「経済的な安定を確保する」ためのルールを学んできた。でも、そのルールはもう時代遅れだ。ルールが変わった時、大人たちは予想外の出来事に驚くと同時に、夢や希望を打ち砕かれた。困ったことに、そのせいで、彼らの子供たち、つまりあなたたちの多くもまた苦労している。

この本では、私が大人になるまでに学んだ、とても大事なことをいくつかみなさんに伝えたいと思う。私の実の父は、学校に通って教育を受けることが大事だと私に教えた。小学校時代の親友のマイクのお父さんは、私に仕事をさせ、学校での教育とは異なる種類の教育があることを教えてくれた。それは、実社会で受ける教育だった。

私はこの二人の父親から多くのことを学んだ。二人とも教育は大事だと思っていたが、お金に関してはまったく異なる見方をしていた。一人（マイクのお父さん）はお金に大きな関心を持ち、もう一人（私の父）はまったく関心がなかった。また、一人（私の父）はお金がじゅうぶんにないことをいつも心配し、もう一人（マイクのお父さん）はお金について、お金をコントロールする方法についていつも考えていた。

私の父は高い教育を受けていたが、それでもいつも、「私は決して金持ちになれない」と言っていた。父は「大事なのはお金じゃない」と言い、マイクのお父さんは「お金は力だ」と言

っていた。私の父はいつも給料で家族を養うのに苦労していたが、マイクのお父さんはいつもたくさんお金を持っていた。私が今のようになれたのは、この二人の父親のおかげだ。どちらが欠けてもこうはなれなかった。二人は私に、金持ちになるにはいくつもの方法があることを教えてくれた。教育を受けることも金持ちになるための一つの方法だし、金銭的に豊かになるのも一つの方法だ。

『金持ち父さん　貧乏父さん』

私はこれまでに、仕事としてビジネスや不動産、紙の資産（株式・債券《さいけん》など）に投資し、若くして引退して人生を大いに楽しむことができるだけのお金を稼いだ。また、そのほかに何冊か本も書いている。最初に書いた『金持ち父さん　貧乏父さん』は、私自身が受けたファイナンシャル教育（お金に関する教育）についての本だ。この本の中で私は実の父を「貧乏父さん」、マイクのお父さんを「金持ち父さん」と呼んでいる。二人をこんなふうに呼んだのは、どちらがいいとか悪いとか言うためではない。お金に関する考え方や目標が人によって違うことを、効果的に読者に伝えたいと思ったからだ。

金持ち父さんはいつも私にこう言った。「何か本当にやりたいと思っていたら、そして『自分にはそれができる』と思っていたら、きみはきっとそれをやりとげる。」金持ち父さんはいつも、自分はいつか金持ちになれると思っていた。そして、そのとおりになった。

私が『金持ち父さん　貧乏父さん』を書いたのは、お金の面での人生の目標を達成したいと本気で思っている人たちの役に立ちたいと思ったからだ。この本はよく売れて、たくさんの人が読んでくれた。この本の中で私が紹介したお金についての考え方は、多くの人がこれまでよく耳にしてきた考え方とは違っていたが、どんどん変化する今の経済をよく反映していた。だからこそ、生まれや育ち、国や職業の違いに関係なく、多くの人たちに受け入れられたのだと思う。

その後何冊か本を書き、今は国内外を旅して、自分の書いた本について話をして回っているが、そんな時よく聞かれるのが、「どうやってうちの子供にお金のことを教えたらいいですか?」という質問だ。そういう人のお手伝いをしようと思って書いたのが『金持ち父さんの子供はみんな天才』だ。そして今度は、子供たち自身、とくに十代の青少年のために本を書こうと考え、できあがったのがこの本だ。

ファイナンシャル・リテラシー

おめでとう!　この本を手に取ったあなたはラッキーだ!

この本を読めば、学校では教えてくれないけれどとても大事なこと、ファイナンシャル・リテラシー（お金に関する読み書きの能力）が学べる。ふつう「リテラシー」というと「読み書きの能力」を意味するが、この言葉にはもっと別の意味がある。つまり、『何かが得意だ』と

いう意味だ。これは、ある特定の分野で使われている言葉を話せるようになることに似ている。お金について話すには、まったく新しい言葉を知る必要がある。この本は「マネー語」（お金に関する言語）をマスターするための攻略本《こうりゃくぼん》だと言ってもいい。「何かに強くなる」ためにはいろいろな方法がある。お金に強くなるのは、必ずしも簡単なことではない。本や人から学び、実践《じっせん》する必要がある。学校で経済学を学ぶ人もいるだろうし、数学のクラスでは小遣《こづか》い帳《ちょう》や家計簿《かけいぼ》のつけ方も学べるかもしれない。でも、学校で受けられるファイナンシャル教育はせいぜいそこまでだ。そこで習えるのは、実際の生活で使える「生きた言葉」ではなく、理論的なことだけだ。学校は多くの場合「学ぶ」ための場所で、「実践する」ための場所ではない。

この本では、学校で習っただけでは足りないところを取り上げたいと思っている。この本を読めば、自分のファイナンシャル・ライフ（人生のお金にかかわる面）を、「自分は正しいことをしている」と自信を持って管理するために必要な言葉や、理解しておかなければいけないことがきっと学べる。将来自分の会社を作りたいと思っている人も、お金のことを教えてくれる人生の師、つまりあなた自身の「金持ち父さん」が見つかった時に、自分の言いたいことをはっきり伝えられるようになっていればいいという人も、この本を読めば必要なことがきっと学べると思う。

この本を読んだあと、ふと気がついたら、あなたは、友達がテレビの前でソファーに寝そべ

って何時間もむだに過ごしているあいだに、最新の財務諸表（これが何か、今わからなくても大丈夫。こういうことをこれから学んでいくのだから！）を作ったり、買った株の値動きをインターネットでチェックしたり、自分と同じように負債よりも資産（この違いもこれからじっくり学ぼう！）を持ちたいと思っている友達と、ビジネスアイディアを出し合ったりしている……ということになるかもしれない。いや、その可能性は大いにある。

さあ、今あなたは「ふむ、なるほど」と頭を縦に振っているだろうか？　それとも、「ん？」と首をかしげている？　今どれくらいわかるか、わからないかは重要ではない。どんな人でも、この本を読み終えた時には、「マネー語」が今よりずっと上手に話せるようになっているだろう。そして、お金がどのような仕組みで働き、どのようにしたらそれを自分のために働かせることができるかわかってくるだろう。ファイナンシャル・リテラシーを身につけるためのあなたの旅は、今、ここから始まる。

私が実際にお金について学び始めたのは、ほんの九歳の時だった。その時から、親友のマイクのお父さん、つまり「金持ち父さん」が私の人生の師になった。今度は私が、金持ち父さんから学んだことをみなさんに伝える番だ。

お金について考える

銀行で口座を開いたり、小遣い帳の残高を計算したり、株価をチェックしたりする方法を学

びたければ、そのための本はいくらでもある。だが、そういう本はお金について「どう考えたらよいか」は教えてくれない。大人はよくお金を必要悪――いいことではないが必要なもの――だと言う。ものを買うのに必要ではあるが、いくらあるか何度も数えたり、そのことばかり考えたりして心配の種になるし、結局はいくらあっても足りなくて欲望の源になるというわけだ。でも、いい悪いは別にして、お金はつねに人生について回る。だから、いっしょにいても居心地が悪くないようにしなくてはいけない。お金に恐怖心《きょうふしん》を持っている大人は多いが、そんなふうになってはいけない。お金がどのように働くかを学べば、お金に支配されるのではなく、お金をコントロールできるようになり、本当に価値のある「富」を築き始めることができる。

ファイナンシャル・リテラシーを身につけると、お金に関することが恐くなくなり、お金の本当の価値が見えてくる。「本当の豊かさ」は、私たちが思っているよりずっと大きな意味を持っていて、お金では測りきれない。人生における成功はお金の面での成功だけでは測れない。私が大人になるまでに学んだのはこのことだった。私の使命は、できるだけ多くの若者にそのことを伝え、次の世代の人たちがお金に関して責任と知識が持てるように、そして、自分の力をじゅうぶんに発揮できるようにお手伝いすることだと思っている。

学校はほんの始まりにすぎない

医者や弁護士など、特別な学位を必要とする職業につきたいと思っている人は、学校で高い教育を受けなければならないが、それ以外の人は、仕事を通して学ぶチャンスを見つける心構えさえ持っていれば、将来お金を稼ぐために、高校や大学を卒業後さらに上の学校に進む必要はないかもしれない。実社会で学べば、学校で学ぶために高い授業料を払う代わりに、給料だってもらうことができるのだから！　実社会でのファイナンシャル教育は、仕事を通してあなたを鍛《きた》えてくれる。

でも、だからといって、教育は重要じゃないと言っているわけではない。とんでもない！教育はすべての成功の基礎《きそ》だ。私が言っているのは、学校は学ぶ場所の一つにすぎないということだ。私たちは学問的な知識や職業的な技術を学ぶために学校へ通う。お金に関する知識や技術を教えてくれるのは、たいていの場合、学校の外、つまり実社会だ。

子供の頃、自転車に乗れるようになった時のことを覚えているだろうか？　きっと、はじめは補助輪をつけて練習したに違いない。しばらくたったある日、そろそろいいだろうと思って補助輪をはずす。もしかすると、そのあともしばらくは、だれかに自転車を支えてもらったかもしれない。あなたに少し自信がついてくると、その人は手を離す。あなたは何度もふらふらしただろう。一度や二度は転んだりもしただろう。でも、たとえ転んでも、また自転車に乗り

直し、バランスがとれるようになるまで、何度も失敗を繰り返し、頭も精一杯《せいいっぱい》使って乗り方を習得したに違いない。

もし両親が、自転車について教える特別な学校に子供を入れて自転車の乗り方を覚えさせようとしたら、それはちょっとおかしな話だ。そんなのは授業料のむだだ。世の中には学校で学ぶべきことと、生活の中で学ぶべきことがある。生活の中で学ぶべきこととは、たとえば、歩いたり、靴《くつ》ひもを結んだり、自転車に乗ったりすることで、お金に関係するほとんどのこともそうだ。

私が今話しているのは、これまで学校で与えられてきた教育とは異なる、新しいタイプの教育についてだ。世界で最高の医者は最高の医学教育を受けているかもしれないが、お金のこととなると何もわからないという場合もある。つまり、手術台の上の人間の命を救うことはできても、お金の儲《もう》かる診療所《しんりょうじょ》を経営するのはむずかしいかもしれないということだ。

あなたの病気を治してくれるお医者さんや、両親たちさえ知らないかもしれないことを学ぶなんて、すごいことではないだろうか？

それが、これからあなたが身につけようとしている能力だ！

の、金色の模様が入っているものなど、お金を連想させるものを選ぶのもいい。それから、違う色のカラーペンを何本か用意しよう。『金持ち父さん日記』は、私がたどってきた道について学びながら、自分自身の「旅」を計画する助けにきっとなると思う。

ノートを用意したらまず、ほしいと思っているものをすべて書き出そう。誕生日にほしいもののリストを作るつもりで、頭をフル回転させてアイディアをひねりだそう。書く時は、いろいろな色のカラーペンを使おう。そうすると、もっと独創的なアイディアが浮かぶ。絵を描くのが好きな人は、イラストをつけてもいい。落書き大歓迎《だいかんげい》！　書くのは必ずしもお金に関係のあるものでなくていい。もちろん、「車」と書いてもいいが、「チアリーダーになりたい」とか「学芸会で主役になりたい」といったことを書いてもいい。このノートはいつも持ち歩いて、思いついたらどんどん書きとめよう。さあ、あなたは人生で何がやりたいのだろうか、何がほしいのだろうか？

日記を書くことは、この本を読みながらあなたがどのように成長していくかを記録する助けにもなる。自分だけのために書いていること、これで成績が変わるわけでも、だれかが読んであなたを評価するわけでもないことをよく覚えておこう。あなたの日記はだれにも見つからない、とても安全な場所だ。

私は何がほしい？

日記がどんなものかはだれでも知っている。国語の宿題として書かされることもある。でも、一番大事な日記は、自分自身のためにつける日記、つまり、ありのままの自分について本音をはきだすことのできる場所だ。自分が感じていることを紙に書くのは気持ちがいいし、時には、心の奥底《おくそこ》に埋もれていて、自分でも気づかなかったような悩《なや》みの原因を探りあてて、表に出す役に立ってくれる。

お金について感じていることや経験したことを書きとめるのは、お金の面で自分が今どんな状態にあるか、そして将来どうなりたいかを知る助けになる。日記なら、お金のことを話しても、「お金の話をするなんて意地汚《いじきたな》い」と感じたり、なんとなく居心地の悪い思いをしたりする必要がない。私がこの本を書いた目的の一つは、家庭や学校では「話題にしてはいけない」とされることの多いお金について、あなたが抵抗《ていこう》なく、そして前向きに話したり考えたりすることができるよう手助けをすることだ。自分の考えを紙に書くと、頭の中にある抽象的《ちゅうしょうてき》なものが現実的なものに感じられるようになる。

ノートを一冊用意しよう。表紙の色が紙幣《しへい》の色合いに近いも

Part 1
お金の言葉を学ぶ

第**1**章

ファイナンシャル・インテリジェンス
——新しい学習方法

あなたは頭がいい

まず、一つはっきりさせておきたいことがある。それは、「あなたは頭がいい」ということだ。こんなふうに念を押《お》すのは、最初にそのことをきちんと知っておいてもらいたいからだ。

私が子供の頃、父はいつも「みんな生まれた時は頭がいい。どの子供も特別な才能を持っているんだ」と言っていた。私はこの考え方がとても好きだった。学校では必ずしもいつもいい成績ではなかったが、その原因が自分にあるわけではないことが何となくわかっていた。私は頭が悪いわけではなかった。ただ、学ぶ方法が、学校の先生が生徒に要求するやり方と違っていただけだ。

父は学ぶことに対する正しい取り組み方を教えてくれた。つまり、自分にとって一番いい学習方法を見つけるように導いてくれた。もしそれを見つけていなかったら、私はハイスクール

か大学の途中で挫折《ざせつ》していたかもしれない。それに、実社会でお金のことをきちんとやる用意もできなかっただろうし、自信も持てず、今の私のような人間にはなっていなかっただろう。

人が学ぶ方法はさまざまに異なる。大事なのは自分が一番よく学べる方法を見つけることだ。それが見つかれば、自分だけの才能を発見できる。

天才というのは何かにとくにすぐれている人間を指す。だが、天才はかならずしもすべてに関してすぐれている必要はない。実際、ある分野では特別な能力を持っているが、ほかの分野では人並みというのが普通だ。

相対性理論を考え出した偉大《いだい》なる科学者アルバート・アインシュタインが、学校でいつも成績が悪かったのをあなたは知っているだろうか？　アインシュタインはものを覚えるのが苦手だった。それでも歴史上最も偉大な科学者の一人になった。彼の脳は「事実」よりも「アイディア」に焦点《しょうてん》が合わされていた。アインシュタインは、事実は本を見ればわかる、だから自分の頭に事実をつめこむ必要を感じたことがないと言ったそうだ。彼はよけいな事実をつめこまず、頭をすっきりさせた状態で独創的な思考のために使いたかったのだ。

学校は事実を頭に入れておくように教える。だが、学校を卒業したあとは、たいていの場合は、事実がどこにしまってあるかがわかっていて、必要な時に調べたり、それを知っているだれかに電話をかけたりできればそれでたりる。

学校では生徒に成績をつけるが、その成績の決め方は、私たちが本当にどれくらい頭がいい

のか、どれくらい成功する可能性を持っているのかといったこととはほとんど関係がない。学校での成績は、多くの場合、テストの点数だけで決まる。でもそれは、私たちが持って生まれた才能を測る本当のものさしでは決してない！

子供はみんな天才

ここでまたノートを取り出して、あなたが知っている人のリストを作ろう。書き出す名前は二十人分。学校の友達や、家族や親戚、あるいは先生でもいい。最初に書くのはあなた自身の名前だ。全員の名前が書けたら、その横に、その人が得意なことを書こう。どんなことでもいい。たとえば、いつもじっとしていられなくて、自分の頭の中で鳴っているすばらしいリズムに合わせて、足で拍子《ひょうし》をとっている友達はいないだろうか？　辞書も消しゴムもまったく使わずに、クロスワードパズルをすらすらと解いてしまう妹かお姉さんはいないだろうか？　あるいはあなた自身が、コンピュータにどんな問題が起きてもたいてい解決できる人かもしれない。そういったことをみんな書き出そう。

この作業にはいくつかの意味がある。これから先、お金について学んでいくあいだに、自分にはそれまで見えていなかったことを見る、つまり新しいものの見方をする必要が出

てくるが、この作業もその一つだ。ほかの人が持っている才能で、あなたにはこれまで見えていなかった才能をはっきり認識することは、自分自身の才能に気づくきっかけとなる。自分の長所、強みを知ることは成功への第一歩だ。他人の長所や強みを見つける方法を知っていることは、とてもすばらしい技術を持っているのと同じだ。なぜなら、いつか会社を起こそう、投資家になろうと思っている人にとっては、信頼のできる、しっかりしたチームを作り出すことが何より大切だからだ。

IQにもいろいろある

今でもよく覚えているが、学生時代、数日かけてあらゆる種類のテストをやらされたことが何回かあった。そのテストは「標準テスト」などと呼ばれていたが、私はいつも、この「標準化する」「規格化する」というやり方に疑問を感じていた。人間は一人一人違う。それなのになぜ、一つの型にはめるような方法で全員を評価しようとするのだろうか？　実際、同じ人間は二人といないのに……。

少し大人になってから、あのテストが子供たちのＩＱ、つまり知能指数を測るものだったことを知った。ＩＱはその人が事実やスキル（技能）、考え方を学ぶ能力を表すということになっている。だが、実際にＩＱを一言で言うとこうなる――ＩＱは標準テストで測定される「知

能年齢《ねんれい》」と、生物学的な「暦年齢《こよみ》」（実際の年齢）との関係を表している。つまり知能年齢を実際の年齢で割り、一〇〇をかけたものがIQだ。私が子供の頃は、IQは一生変わらないということになっていたが、そうだとしたらあまりに柔軟性《じゅうなんせい》に欠ける！　幸いなことに、この考え方は今は変わりつつある。

これまで何年もかけて、私は人間の知性、とくに学習の仕方について本を読んだり、研究・調査をしたりしてきた。IQはもちろん学問的なことにあてはめることができるが、そのほかのことにも応用できる。たとえばスポーツだ。子供の頃、私は「野球のIQ」が高かった。一方、友達のアンディは学問的IQが高かった。アンディは読むことによって学ぶのが得意だったから、当然私より楽に何でも学べて、学校では苦労しなかった。一方、私はまずやってみて、次にそれについて読むという方法で学ぶタイプだった。つまり、アンディに効果的な方法と私に効果的な方法は違った。私たちは二人とも独自の「勝利の方程式」を持っていたのだ。

だれでも独自の学習スタイルを持っている

学校で私たちが受けたいわゆる「知能テスト」で測れるのは、一つの種類の知性だけだった。つまり言語に対する能力、才能だ。だが、言語に関わることが苦手な人はどうなるのだろう？　私は読むのがとくに好きではなかった。そういう私はIQが低いということになるのだろうか？　今の考え方では答えは「ノー」だ。一九八三年、ハワード・ガードナーという心理学者

が『心の枠組《わくぐ》み（Frames of Mind）』という本を発表した。その中でガードナーは、一つだけではなく、七つの異なるタイプの知能について話をしている。彼はまた、ＩＱは変わる可能性があるとも主張している。

ガードナー博士はこの知能を「学習方式」とも呼んでいる。彼が考え出した七つの知能の概《がい》念《ねん》は、ロケット工学だろうが裁縫《さいほう》だろうがお金に関することだろうが、何であれ新しいスキルや情報を自分のものにする時に指針となる道路地図を生み出した。

あなたの学習スタイルはどれか？

次のそれぞれの知能に関する説明を読みながら、どれがあなたに一番よくあてはまるか考えてほしい。そして、それぞれの説明の最後にある1から5までの数字に丸をつけよう。自分にぴったりだと思ったら5、自分にはまったくあてはまらないと思ったら1に丸をつけてほしい。断っておくが、これはテストではない。どの答えがいいわけでも悪いわけでもないし、総合点で成績を決めるわけでもない。ただ、どのような学び方があなたにとってベストか考えるための作業だ。

★言語的知能

いつもカバンの中に本を入れているような人は5に丸をつけよう。この知能は読んだり、

書いたり、そのほか言葉に関する活動に関係する知能だ。

1　2　3　4　5

★論理数学的知能

数学の問題を頭の中だけで解けるような人は5に丸をつけよう。データや数字を簡単に把《は》握《あく》できる人はこの知能が高く、一般的に冷静で、論理的に物事を考える。

1　2　3　4　5

★空間的知能

いたずら書きをしながらの方が授業の内容がよくわかる人や、物を見る時に「あ、これは写真に撮《と》ったらいいな」とよく思う人は5に丸をつけよう。この知能はパターンやデザイン、空間を見るために使われ、芸術家や建築家、振付師《ふりつけし》などの多くが持っている。彼らは物や出来事を平面的、あるいは立体的に頭の中に描くことができ、それを現実のものにすることができる。

★音楽的知能

あなたは今、この本を読みながらペンの先や指先でリズムをとっていないだろうか？　もしそうしていたら5に丸をしよう。この知能が高い人はとくに音やリズム、音のパターンなどに敏感《びんかん》に反応する。

1　2　3　4　5

★身体運動的知能

学校で体育の時間が大好きだったり、自分の部屋にスポーツ用品がずらりと並んでいたりする人はこの知能が高い人だ。運動選手やダンサーの多くがそうであるように、あなたにも身体をうまく動かす方法がわかっている。

1　2　3　4　5

1　2　3　4　5

★対人的知能

友達と付き合うのにまったく苦労のいらない人は5、友達と次々に問題を起こす人は1に丸をつけよう。友達が何を考えているか、いつもわかる人は5、まったくわからない人は1、時々わかるという人はその程度によって1と5の間の数字に丸をしよう。この知能は他人とうまくやっていけるかどうかに関係している。

1　　2　　3　　4　　5

★内省的《ないせいてき》知能

対人的知能が他人とのコミュニケーション能力に関係しているとしたら、この内省的知能は自分とのコミュニケーション能力に関係している。「感情面の知性」「心の知能指数」なども呼ばれるが、それはこの知能が恐怖や怒りといった人間の感情の処理の仕方に関わっているからだ。あなたは困難な状況に直面した時の自分の反応を理解しているだろうか？　その反応をコントロールできるだろうか？　相手の意見と違うことを言い返す時、ちゃんと考えてから言っているだろうか？　自分の欠点にすぐ腹を立てたりせずに、気長にじっくり待ち、自分を大事にしているだろうか？

ガードナー博士は最近、八番目の知能にあたる「自然学的知能」をつけ加えた。

1　2　3　4　5

★自然学的知能

これはまわりの世界に対する感受性に関係する知能だ。週末は戸外で過ごすのが好きな人や、環境問題《かんきょう》に取り組む活動に参加している人は5に丸をつけよう。

1　2　3　4　5

私は、学習に関する革新的な考え方をアリゾナ大学で教えている一人の心理学者とよく話をした。彼女はさまざまな学習スタイルについて、それが個人的な夢を実現させたり金銭的に成功するためにどのように役立つかについて教えていた。その女性の考えをもとに、ガードナー博士の考えにもう一つ、九番目の知能を加えたい。

★洞察的《どうさつてき》知能

これはリーダーとなるか、それに従う人間になるかを決める知能だ。偉大な指導者は、先の状況がどうなるかを読み、それに合った行動をとることができる。第二次世界大戦の時にイギリスの首相だったウィンストン・チャーチルは、最初からナチスに反対の声を上げた数少ない世界の指導者の一人だった。ナチスが権力の座にとどまったら恐ろしいことが起こる……まるでチャーチルにはそのことがわかっていたかのようだった。未来を占《うらな》う水《すい》晶玉《しょうだま》を持っている、先のことがわかる、という人は5に丸をしよう。

1　2　3　4　5

さて、あなたが丸をつけた数字がどうなっているか見てみよう。一番大きな数字に丸をつけたのはどの知能だろう？

言語的知能が4か5だった人は、読んだり書いたりすることで学習するのが楽に感じられるだろう。身体運動的知能、音楽的知能、自然学的知能のうちどれかが4か5だった人は、実践を通して学ぶといい。たとえば学生向けの実地研修制度を利用したり、学校や地域コミュニティのさまざまな団体で活動することを通して学ぶと、うまくいくかもしれない。また、空間的知能や論理数学的知能が4か5だった人は、手を使う作業を通して、つまり絵を描いたり、表やグラフを書いたり、模型を作ったりすることから多くを学ぶタイプかもしれない。対人的知

能と言語的知能、洞察的知能のうちどれかが4か5だった人にとっては、友達や大人たちとたがいの経験について話し合ったり、一つの話題について議論を戦わせたり、人前で何かしたりするのが一番いい学習方法かもしれない。内省的知能はどんな学習スタイルにとっても大事だ。なぜなら、何か困難なことにぶつかった時に、あなたが辛抱《しんぼう》強さや自信を持ち続けられるのは、この知能のおかげだからだ。

一つだけではなく、いくつかの知能で高い数字に丸をつけた人もいるだろう。これは何かを学習する時、いくつかの異なる活動を組み合わせたり、混ぜ合わせたりするとうまくいく可能性があることを意味している。

でも、どの知能に関しても4以上の数字に丸ができなかったらどうしたらいいのだろう？お先真っ暗ということなのだろうか？　そんなことはまったくない。この作業をやってもらった目的は、自分の思考パターンや学習方法についてあなたに考え始めてもらうことだ。たとえば、未来のことをよく考える人、つまり洞察的知能の高い人は、ビジネスの世界ですぐれた指導者になる可能性を持っているが、そういう人が最初からその知能を身につけているとはかぎらない。今、自分には洞察的知能があまりないように思えても、心配するにはおよばない！私が子供だった時、金持ち父さんが言っていたように、自分で「頭を訓練しよう」と決心しさえすれば、どの分野の知能でも伸ばすことができる。

今、ある分野が得意でほかが苦手だという人は、もっとバランスよくする方法を試してみよ

う。次にいくつかその例をあげるが、ほかにもたくさんあるので、考えてやってみよう。

□お金について話す

学校や家で友達や家族とお金について話せば、他人とのコミュニケーション能力が伸びる。

(言語的知能、対人的知能)

□お金について読む

お金や投資についての雑誌の多くは、数学の教科書にある問題のように理論上の数字を扱《あつか》うのではなく、「現実の世界」でお金が実際にどう働いているかを教えてくれる。お金のプロたちが自分のお金をどのように管理し、投資しているかを今学んでおけば、将来あなたが同じようにする時にきっと役に立つ。(言語的知能、論理数学的知能)

□お金について書く

今のあなたの生活でお金が果たしている役割、将来果たすだろう役割について考え、頭に浮《う》かんだことを「金持ち父さん日記」に書こう。(内省的知能、言語的知能、洞察的知能)

□小遣いを収入の一部と考える

小遣いをもらっている人は、家事手伝いに対する支払を親から受けていると考えるといい。そして、そうやって稼いだお金を投資する方法を考えよう。小遣いを親からのプレゼントと考えずに、自分が稼ぎ出したお金だと考え、自分で管理することが大事だ。（論理数学的知能、対人的知能）

□お金の出入りをチェックする

一週間に一度、その週のお金の出入りを振り返り、会計記録をつけよう。（論理数学的知能）

□自分の未来に自分で責任を持つと決める

お金について前向きな考え方をしよう。将来、自分がどんなふうになりたいか想像してみよう。（内省的知能、洞察的知能）

自分の「勝利の方程式」を見つけよう

残念なことに、学校で教えてくれる学習スタイルがあなたにとって一番いいスタイルだとはかぎらない。人間が学ぶ方法は一つではない。人によって異なるし、いくつかの学習スタイルが組み合わさっている場合もある。そしてさまざまな学習方法から、その人独自の勝利の方程式ができあがる。

小学校時代の友達のアンディと私の話に戻ろう。前にも言った通り、私は野球をするのが大好きだった。つまり身体運動的知能が高かった。試合に勝つための戦術を学ぶのも大好きだったから、論理数学的知能も高かったのだと思う。実戦を通して試合についてじゅうぶんに学び、対人的知能を発揮してほかの子供たちと交流し、いろいろなタイプの選手について学んだあと、私は本を開き、さらに多くの情報を取り入れることに努めた。まず何かやってみて、あとでそれについて読むというこのスタイルは、結局、私の人生の勝利の方程式へと発展した。私が今使っているのもこの方程式だ。

言語的知能が高かったアンディの勝利の方程式は、まず本を読むことから始まった。アンディはやってみる前にそれについて読み、言葉を通して学ぶのが好きだった。野球のチームで言えば、アンディはマネジャー向き、私はプレーヤー向きだった。私とアンディはとても違っていたが、二人とも、自分にとって一番効果のある学習スタイルがわかっていた。

ファイナンシャル・インテリジェンスを伸ばそう

今、お金についてマイナスの感情を持っている人、たとえば恐怖や抵抗を感じている人は、そのような感情が自分の学習スタイルと何か関係があるのでは……と思い始めたのではないだろうか？　実はその通りだ。もしあなたが、言葉を通して学ぶ学習スタイルが合わないという私のようなタイプの人間だったら、あなたにとっていいやり方は、自分で見たりやったりして

学ぶ方法かもしれない。この学習方法については、またあとで詳《くわ》しくお話しする。そこでは図やグラフでいろいろな考え方を説明するつもりだ。

この本を読むと、人生の目標を考えたり、心の底にひそむ恐怖について考えるようになり、その結果、自分を大事に思う気持ちが強くなる。このことは、あなたの内省的知能を高めるのにきっと役に立つだろう。

金持ち父さんのQ&A

Q 学習スタイルや勝利の方程式と、金持ちになることはどんな関係があるんですか？

A クラスの投票で「将来一番成功しそうな人」に選ばれて、卒業アルバムの写真の下にそんな一言をつけられるのは、たいてい成績のよかった人だ。その中には本当に成功する人もいるが、成功しない人もいる。成功しない人はファイナンシャル・インテリジェンスをまったく身につけなかったからそうなるのだと言ってもいい。実際、学生時代に成績のよかった人でも、あなたのように経済的自由を自分の力で手に入れようと決心し、そのための努力をした人たちに将来お金の面で差をつけられてしまうことが多い。チャンスを見つけ、リスクを心得た上でそれを追いかけるためには自信が必

要だ。その自信を持つための第一歩は、自分の学習スタイルと得意分野を見つけることだ。

ファイナンシャル・インテリジェンス（金銭的知能）を高めるには、自分がたくさん持っている知能、自分に合った学習方法を使って、お金をあつかう腕をみがくといい。また、それと同時に、自分に足りない知能を高めて、頭をフル回転させられるようにするといい。いくつか違った学習スタイルを組み合わせて試してみよう。すぐには見つからないかもしれないが、二回、三回と試しているうちに、きっとあなたにぴったりの組み合わせが見つかるはずだ。

「金持ち父さん日記」に、放課後にしている活動と、学校で得意な科目をすべて書き出そう。この二つを比べてみると、放課後あなたが楽しいと思ってしている活動と、学校で得意な科目との間に何か関係があることがわかるかもしれない。また、放課後の活動のリストから、自分が高い知能を持っている分野が新たに見つかるかもしれない。高い知能を持っている分野、それがあなたの強みだ。それがわかったら、次のステップは、チャンスを見つけて金銭的成功を手に入れるために、その強みをさらに強化する方法を見つけることだ。

頭を使い始めよう

まず、こう言ってみよう――「お金がないからほしいものが買えない。」

次に、こう言ってみよう――「どうやったらほしいものが買えるようになるだろう?」

この二つの言葉には大きな違いがある。「買えない」と言ってしまえばそれで終わりで、それ以上あなたは考えない。「どうやったら?」と自分に聞けば、あなたは頭の回転数を上げ、考え始める。

あなたから「私には買えない」という言葉を聞いた場合、私はあなたが、ほしいものは絶対手に入らないとすでに心に決めてしまったと判断する。一方、「どうやったら買えるようになるだろう?」という言葉を聞いた場合は、あなたが真剣に解決策を見つけようとしていると判断する。そして、あなたのことを前向きで、やる気のある人だと思う。

私が子供の頃、いわば「人生の師」だった金持ち父さんは、よく私にこう言った。「私の頭は毎日強くなっている。毎日使っているからだ。頭が強くなればなるほど、たくさんのお金が儲けられる。」この本を読んで、あなたも頭のエンジンの回転を速くしよう。

手に入れられると信じる

明日一日、人と話をする時、自分がどんなふうに話しているか、注意しよう。自信を持った話し方をしているだろうか？　それとも自信がなさそうにおずおずと話しているだろうか？　自分の言っていることを本当に信じているだろうか？　確信が持てないような話し方はしていないだろうか？

ほしいものを手に入れるための最良の方法は、手に入れられると信じることだ。思考の力はとても大きい。強い意志を持って望めば、何でも実現させることができる。

自分を信じる力を強めるためにあなたにできる簡単な方法が一つある――メモ用紙か手のひらサイズのカードに、お金に対してあなたがどう感じているか、一つの文にして書こう。たとえば「私は絶対金持ちにはなれない」と思っていたら、そう書けばいい。書けたら、それをしおり代わりにこの本にはさんで、先を読むあいだ、時々、そこに書かれている気持ちと自分がその時に感じている気持ちを比べて、もし、違っていたら、前の文を線で消して書き替《か》えよう。本を半分読んだあたりで、あなたの気持ちは「私はいつか金持ちになる」と変わっているかもしれない。そして、全部読み終えた頃には、「私は金持ちだ」と書き替えることになるかもしれない。

今「そんなふうになるわけがない！」と思っている人もいるかもしれない。確かに、この本

を読み終えたとしても、まだ金持ちにはなっていないかもしれない。でも、それはあくまでも「まだ」金持ちになっていないだけのことだ。

私がここで言いたいのは、一つのことを繰り返し考え続けると、それを実現させるための新しい考えが生まれる可能性があるということだ。何かを実現させようと強く思う気持ちと、この本を通してあなたが受けるファイナンシャル教育（お金に関する教育）とを合わせれば、強力なチームが生まれる！

次の章から、いよいよ金持ち父さんの「お金に関する秘密」の話をしよう。

Part 2

金持ち父さんのお金の秘密

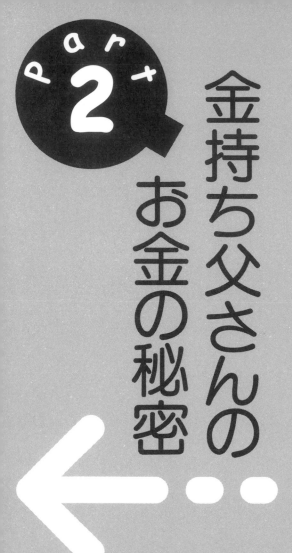

第2章

金持ち父さんのお金の秘密　その一
金儲けのための新しいルールを学ぶ

古いルールはもう通用しない

私が子供の時に学んだことの中で、とくに大事だったと今思うのは、次のような教えだ。

「ゲームをする時はルールを知らなければいけない。なぜならゲームに勝つための方法はルールによって決められているからだ。」

実社会ではルールが変わることもある。それに対する準備ができていなかったら、ルールの変化とともにあなたの世界が一変してしまうこともあり得る。

次のようなルールはあなたも耳にしたことがあるかもしれない。

「一生懸命勉強して学校でいい成績をとれば、いい大学に入れて、仕事に役立つ勉強ができて、卒業後はいい仕事につけて、たくさんお金を稼げて、人生の成功者になれる。」

では、もし私がこんなふうに言ったら、あなたはどう思うだろう？

「仕事につくことだけがお金を稼ぐ道ではない。お金をたくさん儲けたいと思っている場合はとくにそうだ。」

仕事につくのは確かに生活費を稼ぐ一つの方法だ。でも、給料のために働くのは、最も効果的な金儲けの方法とは言えない。多くの場合、この方法はあなたを「ラットレース」に引きずり込む。ラットレースとは「いたちごっこ」のことで、みんなで競い合って同じことを繰り返すばかりで、どこにも行き着かないレースだ。このレースに巻き込まれた人は、お金を稼ぐためにせっせと働き、もっとお金を稼ごうと、どんどん働く量を増やして、最後には燃えつきてしまう。

次に紹介する私の子供時代の話を読むと、このことがもっとよくわかると思う。

金持ちの考え方は違う

ハワイ州の教育長だった私の父は、みんなから尊敬されていたが、給料はあまりもらっていなかった。少なくとも、格好のいい車や海岸に別荘《べっそう》を持っているような、私のクラスメートの父親たちほどには稼いでいなかった。

住んでいた場所のせいで、私は金持ちの家の子供たちと同じ学校に通っていた。道路の向こう側は学区が違っていたので、もしそちら側に住んでいれば、生活程度がうちと同じような子供たちといっしょに学校に行けたはずだった。

同じ学校に通っていたおかげで、金持ちの子供たちがお金について私とは違った考え方をしているのがわかった。私の父はいつも、給料で生活費が払えるか心配していて、将来に不安を持っていた。一方、私のクラスメートの両親たちは、将来のことはまったく心配していないように見えた。私は彼らがお金についてまったく違う考え方をしていることに気づいた。

私はまた、金持ちの子供は、私が家で学べないようなことを家庭で学んでいることにも気づいた。つまり、彼らはお金に関して堂々としていることを学んでいた。中には夕食の席でお金の話をする家庭さえあった。私の家では、お金の話をすることはほとんどなかった。たとえ話したとしても、声をひそめて話すべきことだった。いわば触《ふ》れてはいけない話題だったのだ。

私は物心がついたころから、金持ちになりたいと思っていた。金持ちになって、お金で買える贅沢《ぜいたく》をすべて手に入れる……これはなかなかいい考えだと思っていたのだ。また、いつも働いてばかりいないで人生を楽しむという考え方も、クラスメートの親たちが、自分の父親とは異なり、請求書《せいきゅうしょ》の支払をするためのお金や、子供を養うためのお金の心配をしないでいるというのもいいと思っていた。

お金を作る方法を学べ

九歳の時、私は父に、金持ちになるにはどうしたらいいか聞いた。父はこう答えた。「金持ちになりたかったら、お金を作る方法を学ぶことだ。」私はそのあと、とても忠実に父のアド

バイスに従って行動した。何をやったかはこれからお話しするが、父はそれほど忠実に私がやるとは思っていなかったに違いない。その結果は、今から思えばかなりこっけいな話だが、私がはじめてお金について大きな発見をするきっかけとなった。

私は学校にいるあいだも、放課後も、親友のマイクといっしょにいることが多かった。私たち二人は何でも分け合う仲間で、ある意味ではおたがいの父親まで共有していた。

マイクの父親は町の砂糖キビ農園で働いていた。あまり教育は受けていなかった（実際、八年制小学校しか卒業していなかった）が、いつもビジネスチャンスを探していた。

私の父とマイクの父親とはとても違っていた。その違いは次のような二人の言葉によく表れている。私の父はよく「お金への執着《しゅうちゃく》こそが悪の根源だ」と言っていた。一方、マイクの父親は「お金がないことこそが悪の根源だ」と言っていた。

お金作り大作戦

父のアドバイスを伝えると、マイクもそれに従って「お金を作りたい」と考えた。そこで、私たちはビジネスパートナーとして手を組み、次のようなことをやり始めた。

まず、私たちは近所の家を一軒ずつ回って歯みがきのチューブを集めた。次に、当時は鉛《なまり》で出来ていたチューブを火にかけて溶かし、学校から持ち帰った牛乳パックに開けた小さな穴から、溶けた鉛（それはとっても熱かった！）を注意深く注ぎ込んだ。牛乳パックの中には石膏《せっこう》

で作った鋳型《いがた》が入っていた。

私たちが何をしていたかと言うと……鉛で五セント硬貨《こうか》を作ろうとしていたのだ。つまり、文字通り「お金を作って」いたのだ！　アメリカの貨幣《かへい》がすべて連邦政府によって作られていて、自分たちがやっていることが法律に違反しているなどとは、思ってもみなかった。

マイクと私がせっせと仕事をしていると、父が友人とともに家に帰ってきた。何も知らない私が無邪気《むじゃき》に、お父さんのアドバイスに従ってお金を作っているんだと説明すると、父と友人はお腹を抱えて笑い出した。しばらく大笑いしたあと、父は私たちに偽造《ぎぞう》という言葉の意味を教えてくれた。それから、間違っていたとはいえ、私たちのアイディアと実行力に感心してこう言った。「おまえたちはすばらしい創造力と、独創的な考えを持っている。この調子でがんばれ。本当によくやったぞ！」

金持ちのように考えれば金持ちになれる

がんばれと言われても、結局父のアドバイスは、金持ちになりたいという私たちの夢の実現には役に立っていなかった。私はずばり聞くことにした。「じゃあ、どうしてパパは金持ちじゃないの？」

「それは、学校の先生になる道を選んだからだよ。学校の先生っていうのは金儲けにはあまり興味がない。ただ教えるのが好きなんだ。」そう答えたあと、父はこう続けた。「金持ちになる

方法を知りたかったら、私に聞いてもだめだ。マイクのお父さんと話すといい。」

「ぼくのパパ?」マイクはびっくりしてそう聞いた。当時、マイクの父親は金持ちではなかった。「でも、ぼくのうちは学校の金持ちの子供の家のように大きくもないし、かっこいい車もありませんよ。」マイクはそう反論した。

「確かにそうだ」と父が答えた。「今はきみのうちにはそういったものはない。でも、きみのお父さんは金儲けの天才だ。お父さんと私は同じ銀行の人に世話になっているが、その人はいつもそう言っている。きみのお父さんはいわば大きな帝国を築きつつあるんだよ。数年のうちにはきっと、とても金持ちになると思うよ。」

やったぁ! マイクと私は、マイクの父親がお金を生み出す魔法の杖《つえ》を持っているとはまったく知らなかった。私たちは大喜びした。にせ金作りの計画のためにすっかり散らかってしまったガレージの前を片付けたあと、私たちはマイクの父親に会いに行った。二人の話を聞くと、マイクの父親は「きみたちは金持ちと同じように考え始めたんだね」と言った。それこそ、私たちが聞きたかった言葉だった。マイクと私はとても元気づけられ、やる気になった。もちろん、自分たちが考えたことのうち、どの部分が「金持ちのように考える」というのにあたるのかはまったくわかっていなかったが……。

考えているものが手に入る

私の二人の父は、お金に対する考え方がとても違っていた。だから二人が手に入れたものも違っていた。このことから私は、「考えているものが手に入る」ということを学んだ。

□貧乏父さんが言っていたこと・考えていたこと

「いい会社に就職できるように一生懸命《けんめい》勉強しろ」

「子供がいるから私は金持ちになれない」

「お金のことでリスクをとるな」

「会社から退職金や年金をもらうために働け」

「お金を貯めろ」

「立派な履歴書《りれきしょ》を書いていい仕事を見つけろ」

□金持ち父さんが言っていたこと・考えていたこと

「いい会社を買うことができるように一生懸命勉強しろ」

「子供がいるから私は金持ちにならなくてはいけない」

「リスクを管理する方法を学べ」
「お金のことで人に頼らないでいられるようにしろ」
「投資しろ」
「立派なビジネスプラン、ファイナンシャル・プランを書いて、いい会社を作れ」

持てる者と持たざる者

大人たちの話に時々出てくる、「持てる者」という言葉はお金を持っている人や国を指し、「持たざる者」はそうでない人や国を指す。そういう話の中でよく言われるのは、持てる者、つまり金持ちの考え方はふつうの人と違うということだ。

金持ちはよく、自分や家族以外の人を従業員とする会社を持っていたり、他人の会社の株式を所有していたりする。一方、そうでない人は、他人の会社で働き、給料をもらっている。こういった事実を考えると、金持ちとそうでない人のあいだでは、少なくとも考え方の枠組みが違うだろうと想像できる。

会社に勤めていて決まった額の給料をもらっている人は、おそらく給料をもらう以上のことは考えていない。私は時々、レストランや電車の中で、紙ナプキンやメモ用紙に数字を書きつけ、それに十二をかけて計算をしている人を見かけることがある。そういう人たちは年収——

一年にもらえる給料――を計算しているのだ。月給に十二をかけるこの計算は、何度やりなおしても答えは同じだ。ここで、金持ちがするような考え方をしてみよう。金持ちの仕事は、自分の労働時間を増やさずに今より多くのお金を稼ぐ方法を見つける、つまり自分自身のビジネスを始める方法を見つけることだ。あなたの仕事は新しい可能性を見つけること……これはすごくおもしろそうだ！

私にとって「お金を作る」ための最初の企て、歯みがきチューブを使ったコイン作りから私が学んだことは、「金持ちのように考える」ことが可能で、持てる者になるか持たざる者になるかは自分で選べるということだった。私の父は持たざる者でいることを選び、その選択に満足しているように見えた。でも、私は自分がそれでは満足できないことを知っていた。私には、金持ちであることが、自らチャンスを作り出すことと何かしら関係があるのだとわかり始めていた。たまたま金持ちの家に生まれ、それを受け入れるだけのことではないとわかってきたのだ。

私は次のお金作りのチャンス――正確に言うなら、私にとって最初の合法的なお金作りのチャンス――が早く訪れないかと待ち遠しかった。

あなたはチームプレーヤーか?

マイクは私にとって最初のビジネスパートナーだった。私たちは二人で協力してビジネスプランを立てた。あなたもだれかといっしょにビジネスを始めるといいかもしれない。それには、自分がチームプレーヤーかどうか知っておく必要がある。次の文を読んで、そう思う人は「はい」に、そう思わない人は「いいえ」に丸をつけよう。「こう考えた方がいい」と思う答えではなく、自分の正直な気持ちに従って答えてほしい。

1. 一人より二人で考えた方がいい。

はい／いいえ

2. だれかといっしょに働く方が一人で働くより楽しい。

はい／いいえ

3. 一人きりで仕事をするのはとても孤独《こどく》だ。

4. 仕事がはかどらなくなった時、私を元気づけてくれる人が必要だ。

はい／いいえ

5. チームの一員として働いた方が多くのお金が稼げると思う。

はい／いいえ

6. 自分のやり方で何でもやりたい。妥協《だきょう》はしたくない。

はい／いいえ

7. 利益を他人と分かち合いたくない。

はい／いいえ

8. 他人の下で働くのではなく、自分で決めたことを自分でやりたい。

はい／いいえ

9．一人で働いた方が効率的に働ける。

はい／いいえ

1から5までは「いいえ」が一点、「はい」が二点、6から9までは「はい」が一点、「いいえ」が二点として合計点を出してみよう。

合計が十五から十八点だった人は、チームプレーに向いていると思っていい。十二から十四点だった人は、今のままでチームプレーヤーになれる可能性をじゅうぶん持っている。十一点以下だった人は、もう少し対人的知能を伸ばすことを考えた方がいいかもしれない。なぜなら、経済的に他人に頼らないでいられる自由を手に入れる最良の方法の一つは、ビジネスオーナーとして成功することだからだ。ビジネスオーナーはたいていの場合、チームを作り、強力なメンバーで自分のまわりを固めている。

だれかと協力して働くことは、精神的にも経済的にもとてもプラスになる場合が多い。たとえば自分のアイディアを話して意見を聞くこともできるし、一人ではどこから始めたらいいかわからない時や、どの方向に向かって進んだらいいかわからない時でも、だれかといっしょなら新しいアイディアが出やすい。アイディアが次から次へと生まれ、気がついたらお金が稼げるようになっている！

金持ち父さんのQ&A

Q　本のタイトルが『金持ち母さん　貧乏母さん』ではなくて『金持ち父さん　貧乏父さん』なのはなぜですか?

A　どちらでも同じことだ。たまたま私が実の父と親友のお父さんの大きな影響を受けて育ったから、『金持ち父さん　貧乏父さん』にしただけのことだ。金持ち父さんは私にとって「よき師」であり、多くの意味で「父親的存在」だった。よき師は、自分の母親でもいいし、友達の母親でもいい。あるいは学校の女の先生でもいい。お金についての知識は、決して男だけのものではない。今、ビジネスの世界で最も力を持っている人たちの中にもたくさん女性がいる。

　このことは、世界最大の英文ビジネス誌『フォーチュン』を見てもよくわかる。この雑誌は一九九八年から毎年、「ビジネス界で最もパワフルな女性五十人」を発表している。その最新リストを見ると、映画会社から銀行、インターネットオークションの会社まで、ありとあらゆる分野で活躍《かつやく》する女性がいることがわかる。

　このリストに載《の》った人たちは、たくさんのお金を稼いでいるだけではなく、メディアや大衆文化へ大きな影響《えいきょう》を与えていると判断された人たちだ。トークショーの司会

者として絶大な人気を誇《ほこ》るオプラ・ウィンフリーがそのいい例だ。また、『ハリー・ポッター』シリーズの著者J・K・ローリングは、今、イギリスのエリザベス女王より多くのお金を持っていると言われている！

第3章

金持ち父さんのお金の秘密　その二
稼ぐためではなく学ぶために働く

違う種類の学び方

正直に答えてほしい。この章のタイトルを見て、「学ぶ」とか「働く」というのは自分が一番にやりたいことじゃないな……と思った人はいないだろうか？　あるいは、「うちは金持ちじゃないから、稼ぐために働かなくちゃいけないんだ」と思った人もいるかもしれない。ここで大事なのは、家族を養うためにあなたの収入が必要であろうがなかろうが、仕事を持つことは、お金について学び、自分でビジネスを始めるチャンスを見つける一つの方法でもあるということだ。

ここまで読んできたあなたはもう気がついたかもしれないが、この本は、一般に考えられているのとは違う種類の学び方や働き方について書かれた本だ。

私の最初の仕事

マイクと私が「お金を作る」最初の企てに失敗したあと、私の父はこう言った。「貧乏になるのはあきらめてしまうからだ。あきらめないかぎりは貧乏じゃない。一番大事なことは、おまえたちが何かやったということだ。世の中には金持ちになる話をするだけで、夢ばかり見ている人がたくさんいる。おまえたちは何かやった。私はおまえたちのことをとても誇らしく思うよ。もう一度言う。この調子でがんばれ。あきらめるんじゃない。」

私たちはあきらめなかった。父のアドバイスどおり、マイクの父親と話をした。マイクの父親は砂糖キビ農園で働いていたが、そのほかに倉庫を何軒かと、建設会社を一つ、小さなコンビニエンスストアを何軒か、そしてレストランを三軒持っていた。

私たちの話を聞いたマイクの父親はこう言った。「きみたちは私のために働くんだ。そうしたら金儲けの方法を教えてあげる。だが、学校の授業のような教え方はしない。きみたちが働けば、早く教えてあげられる。学校の授業のように何もしないでただ座って聞いていたのでは、私にとっても時間のむだだ。これが私の提案だ。言うとおりにするかどうかはきみたちしだいだ。」

マイクの父親は学校での学習とはまったく違った、新しい学び方を提案していた。私たちは言われたとおり働くことにした。質問したいこともあったし、土曜日には野球もしたかったが、

そうするのがいいと感じたのだ。その時はわかっていなかったが、おそらく私が持っていた対人的知能と洞察的知能が働いたのだろう。

このようにして、私にとって本当の仕事、経験を通して学ぶファイナンシャル教育（お金に関する教育）が始まった。マイクと私はマーチンさんのもとで働き始めた。マーチンさんはマイクのお父さんの所有するコンビニエンスストアの一つを任されている人で、私たちは店に並んだ缶詰のほこりを払って棚《たな》に戻す仕事をした。正直言って、あの仕事は「人生で最も退屈だったことベストテン」に入る。これが働くってことなのか？　働くということがどういうことか、当時の私によくわかっていたかどうかは自信がないが、あれが働くということだと思えなかったのは確かだ。缶詰を棚から下ろし、ほこりを払う、それからまた元に戻す……。まだエアコンもなかった店の中は頭から湯気が出そうに暑かった。金持ち父さんは私たちにいろいろ教えてくれると約束してくれたし、私自身、これでたくさんのことが学べると期待していたが、それはいっこうに実現しなかった。私は毎週土曜日、そのことを思っては腹を立てた。いったい、いつになったら始まるんだ！

マイクと私は仕事がいやでたまらなかった。三週間働いたところで私はすっかりいやになり、もうやめようと思った。腹が立っていたし、だまされたようにも感じていた。それに、不当にこき使われているようにも感じていた。というのも、拷問《ごうもん》のような仕事に対する時間給はたった十セントだったのだ。一九五六年のこととはいえ、これは安すぎた。私はこの状況をなんと

かしようと決めた。マイクのお父さんと話をするぞ！

ボスと対決する

次の土曜日、朝八時に私はマイクの家に行った。「座って順番を待つんだ。」マイクの父親は私にそう言うと、寝室のとなりの小さなオフィスに姿を消した。私はマイクの父親のもとで働いているほかの人たちといっしょに、居間のソファーに座って待った。待って、待って、待ちくたびれるほど待った。

それからとうとう、待っているのは私一人になった。それでもまだ金持ち父さんはオフィスにこもったままで、私を呼び入れようとはしなかった。金持ち父さんが電話でだれかと話したり、書類をめくったりする音は聞こえたので、中にいるのは確かだった。私は頭にきた。漫画の登場人物のように、耳から蒸気が噴《ふ》き出ているような気分だった。金持ち父さんのせいで、土曜の午前の貴重な時間がどんどん少なくなっていた。太陽がさんさんと輝《かがや》くハワイの空の下、私は薄暗く、かびくさい居間のソファーにじっと座って待っていた。

やっと金持ち父さんが手招きして私を呼んだ時には、怒りは頂点に達していた。私は思っていたことを洗いざらいぶちまけた。「あなたが教えてくれると言ったからぼくは働いているのに、あなたは約束を守っていないじゃないですか！」私は金持ち父さんを責めた。こんなふうに大人と対決するのは恐かったが、一方ではとても気分がよかった。

金持ち父さんは私のそんな態度に腹を立てるどころか、喜んでいるようだった。「なるほど。きみにとって、教えるというのは話をしたり、授業をしたりすることなんだね？」金持ち父さんはそう聞いた。

「ええ、そうです。」

「それは学校で教えるやり方だ。」金持ち父さんはにこりとしてそう言った。「でも人生はそんな教え方はしない。私に言わせれば、人生こそが最良の教師だ。たいていの場合、人生はきみに話しかけてきたりしない。きみをつついて、あちこち連れまわすだけだ。人生はそうやってきみをつつくたびにこう言っているんだ。『ほら、目を覚まして、学べよ！』ってね。」

その言葉を聞いて、私は自分が何を学ぼうとしているのか考え始めた。金持ち父さんのために働くようになってから、私が考えていたのはお金のことばかりだった。稼いでいるお金がどんなに少ないか、つらい一日の仕事と引き換えにもらえるお金がどんなに少ないか、そんなことばかり考えていた。自分がそんなふうにお金に振り回されるのはいやだった。そうではなくて、自分の方がお金を動かすボスになりたいと思っていた。

金持ち父さんは、人生がつついてきたら、つつき返さなければいけないと言った。仕事に対する不満を金持ち父さんにぶちまけることで、私はつつき返すことを学んでいた。金持ち父さんに対してただ腹を立てているのではなく、行動する必要があったのだ。

金持ち父さんのQ&A

Q　いつでもつつき返すのがいいんですか?

A　いつもとはかぎらない。金持ち父さんは確かに「つつき返せ」と私に教えたが、それと同時に、何かを決める時に感情、とくに恐怖に左右されるなとも教えてくれた。

自分の頭ではなく感情が考え、選択や決定をし始める時、どんなことがあなたの中で起こっているか、例をいくつか見てみよう。

あなたがこんなふうに言う時…

成績が悪いのは、先生が私をきらっているからだ。テストの勉強なんてしたってしかたない。

あなたはこんなふうに思っていて…

他人は私と敵対する存在だ。

こんなことを恐れている…

私は何をしても失敗する。

あなたがこんなふうに言う時…

教室でいつも友達が話しかけてくるから、勉強に集中できない。

あなたはこんなふうに思っていて…

悪いのは私ではなくて友達だ。

こんなことを恐れている…

この状況は私にはどうすることもできない。

あなたがこんなふうに言う時…

金持ちの家に生まれた友達と違って、親からもらえるお金があるわけじゃない。ゼロから始めなければいけないとしたら、金持ちになろうとしたってむだだ。

あなたはこんなふうに思っていて…

あの友達がお金の心配をしなくていいのは不公平だ。

こんなことを恐れている…

私には勝ち目がない。

感情的になりそうな状況にぶつかったら、一歩下がり、内省的知能と対人的知能を活用して状況を冷静に分析、判断しよう。このような技術は、付き合いにくい人たちといっしょにビジネスの世界で働く場合にも大いに役立つ。

「最初の仕事」が教えてくれること

　あなたはまだ若いが、もうすでに仕事を始めているかもしれない。お金をもらっているかいないかは関係ない。家事の手伝いをしていないだろうか？　いつも決まってやること、たとえばガレージの前の雪かきをするとか、落ち葉を掃《は》くとか、ゴミを外に出すといったことをしていないだろうか？　もししていたら、それがあなたの人生で「最初の仕事」だ。お金はもらっていないかもしれないが、あなたは自分が始めたことをやりとおし、責任を果たすことについて学んでいるはずだ。

　あなたのまわりには、次々に新しいことをやり始めるが、どれも中途半端《ちゅうとはんぱ》のままにしている人はいないだろうか？　もしかすると、あなた自身がそういうタイプかもしれない。つまり、何かやり始めても、やる気をなくすとすぐやめてしまう癖《くせ》のついている人だ。何かを始め、それが自分には合わないと思ったらやめるというのなら、それでもいい。だが、金銭的な成功を収めるには、自分のプランをやりとおすことを学ぶ必要がある。それに、一つの仕事をやりとげる、それも、うまくやりとげるというのは実に気持ちがいいものだ。

働くとはどういうことか

金持ち父さんの話を聞いたあと、私は働くこととお金について、よく考えてみた。私は何かをやると決めた。決められた時間は働くと約束をした。疲《つか》れていても、やりたくないからといってさっさとやめるわけにはいかなかった。私には果たさなければならない責任があった。

それに、私はマーチンさんにとって必要な仕事をやっていた。その仕事に対してマーチンさんは支払をしてくれていたのだ。はじめそれは、なかなかいい取引に思えた。だが、次第に、自分が稼いでいるお金には、野球の試合を犠牲《ぎせい》にするほどの価値がないように思えてきた。

「お金は幻想《げんそう》だ。」金持ち父さんは私にこう言った。そして、ニンジンを鼻先にぶら下げられて荷車を引くロバの姿を思い浮かべるように言った。ロバの飼い主はロバが一歩前に進めば、ニンジンをさらに前に動かすから、ロバは決してニンジンには届かない。それでも、何とか追いつこうと前に進む。ロバが追いかけているのは幻想だ。

金持ち父さんは、働くのもこれと同じだと説明した。ロバにとってのニンジンは、人間にすればば「おもちゃ」のようなものだ。年をとるにつれて、人がほしがるおもちゃはどんどん大きく、どんどん高価になっていく。小さい時は、いつも同じぼろぼろのぬいぐるみを引きずって歩いているだけで満足だったかもしれない。大きくなるにつれて、もっといろいろなおもちゃ

がほしくなる。これはごく自然なことだ！　みんなが今持っているもので満足していたら、広告業界は成り立たない。テレビやラジオだけでなく、映画、ショッピングセンター、高速道路など、私たちの目に入るあらゆる場所で、きれいで格好のいいモデルたちを使って最新の携帯《けいたい》電話やコンピュータ、ＣＤ、洋服などの宣伝がなされている。こういったイメージにさらされている私たちは、数が多いことや大きいこと、値段が高いこと、最新のものであることが「よりよいことだ」という考えに駆《か》り立てられ、その衝動《しょうどう》にほとんど抵抗できなくなっている。

大人もそういった誘惑《ゆうわく》に負ける。大人には大人の「おもちゃ」がある。それは若者のおもちゃに比べるとさらに大きかったり、高価だったりする。たとえば、車、ボート、オートバイ、大画面テレビ、家具、きれいに手入れされた庭、別荘といったものだ。おもちゃを買うのに必要なお金はどんどん増えていく。

では、どうやったらこの問題は解決するのだろう？　すでに金持ちになっている人はどうもその答えを知っているようだ。その答えとは、学ぶために働き、お金を自分のために働かせることだ。金持ち父さんは私に、お金のために働くのではなく、お金を作り出す力を見つける人間になってほしいと思っていた。金持ち父さんが教えてくれたのは、お金を必要としない人間になることだった。「お金を必要としなければ、たくさんのお金を稼げる。」――金持ち父さんのこの言葉は、はじめはとても矛盾《むじゅん》しているように思えたが、あの日、金持ち父さんのオフィスのいすに座って考えていると、だんだん理にかなっているように思えてきた。

金持ち父さんはお金と自分をコントロールする力を手に入れることについて、とても大事なことを教えてくれた。私は自分の望みがかなわないことや、自分で決めたことが思い通りにいかないことを、雇《やと》い主《ぬし》のマーチンさん、つまり他人のせいにしないことを学んだ。また、自分で責任をとること、お金に自分を支配させないことも学んだ。

退屈な時間を考える時間にする

外での仕事や家事の一部として、繰り返しやらなければならないことがあったとしよう。それはベッドで羊を数えているのと同じように感じられるかもしれない。退屈で退屈で眠たくなってしまうかもしれない！　でも、本当のところ、正しい取り組み方をすれば、退屈な同じ作業の繰り返しが、瞑想《めいそう》のチャンスやエネルギーの源になる場合もある。

実際それは、あなたの頭の扉《とびら》を開き、創造的なことを考えるための静かな時間を与えてくれる。そして、その創造的な思考こそが、金持ち父さんの成功の秘訣《ひけつ》で一番大切なことなのだ！

第4章

金持ち父さんのお金の秘密　その三
お金を自分のために働かせる

チャンスはどこにでもある

私はまだほんの子供だったが、金持ち父さんとの手ごわいビジネスミーティングを乗り切った。金持ち父さんの話を聞いていると、自分に反抗して立ち上がった私に、「それでいいんだ」と言っているように聞こえた。やったぁ！　金持ち父さんは「よしよし」と私の肩《かた》を叩《たた》き、仕事に戻るように言った。でもその次に、私がまったく予期していなかったことを言った。「ただし、今度はきみに何も払わない。」

「えっ、何ですって？」私は頭をがんと殴《なぐ》られたような気がした。給料のために働くのでは金持ちになれないという金持ち父さんの話が本当だとしても、給料すらもらわないで働くのでは、金持ちになるどころか、ばかみたいじゃないか！

それから、はっと思いあたった——稼ぐためではなく学ぶために働くんだった！　私はこの

時すでに、金持ち父さんは心から信頼できる人だと思い始めていた。缶詰のほこりを払い、棚に戻す仕事も、きっと何かを教えてくれるはずだった。なぜなら、私はその仕事のために費やす時間に対して一銭も受け取らないのだから、その見返りが何かあるはずだ。

というわけで、マイクと私は給料なしで働き続けた。それから三週間後、金持ち父さんは一時間五ドルという、当時では破格の時給を払おうと申し出てきたが、それまでに金持ち父さんの考えていることがよくわかるようになっていたので、私たちはきっぱり断った。金持ち父さんは私たちを試していたのだ。鼻先にニンジンをぶら下げ、その場で満足を与えてくれるものを餌《えさ》にして私たちを試そうとした。でも、私たちはすでに「金持ち父さんによる放課後金持ち講座」で、もっと大きなものを得られるまで時間をかけて待つことを学んでいた。

ほかの人に見えないものを見る

私たちは正しかった。私たちの返事を聞いたあと、金持ち父さんはこう言った。「このまま働き続けるんだ。給料が必要だという考えにとらわれないようにしろ。その考えから解放される時期が早ければ早いほど、大人になってからの生活が楽になる。ただ働きをしながら、頭を使い続けるんだ。そうすればすぐに、きみたちの頭が、お金を作り出す方法を教えてくれる。私が払える給料なんかよりずっと多くのお金をね。きみたちには、ほかの人たちの目には決して見えないものが見えてくる。チャンスは目の前にころがっている。たいていの人にそのチャ

ンスが見えないのは、お金と安心だけを求めているからだ。だから、それしか手に入らない。チャンスが一つ見えてくれば、それから一生、きみたちにはチャンスが見える。」

ほかの人たちの目には決して見えないものが見えてくる……これはなかなかいい話に思えた。実際、それからまもなく、マイクと私はほかの人たちが見過ごしていたものを見るチャンスに恵まれた。そして、最初の「本当の」ビジネスチャンスを作り出すことに成功したのだ。

金持ち父さんと話をしてから二週間ほどたったある日、私はマーチンさんが漫画雑誌《まんがざっし》の表紙を半分切り取り、大きなダンボール箱に放りこんでいるのに気がついた。何をしているのか聞くと、小売りしなかった証拠《しょうこ》に、売れ残りの雑誌の表紙半分を卸売業者《おろしうり》に戻すのだと説明してくれた。表紙の半分を切り取られた雑誌は、マーチンさんにとっても卸売業者にとっても価値のないものだった。でも、マイクと私にとっては宝の山となる可能性があった！

次に卸売業者が店に来た時、私たちは表紙を半分切り取られた雑誌をもらえないだろうか聞いた。「きみたちがこの店で働くことと、雑誌を転売しないことを約束してくれればいいよ。」卸売業者はそう答えた。私の頭にパッとアイディアがひらめいた。それからまもなく、マイクと私の共同事業が復活した。今度は本当にお金を作り出すビジネスプランだった。

成功間違いなしのビジネスチャンス

私たちが考えたプランはこうだ。当時、漫画雑誌は一冊十セントだった。たいていの子供は

一度に五、六冊読む。それだけの雑誌を買うとなると五、六十セント必要だ。それより安い入場料を払い、買わずに読むことができる場所があれば、子供たちにとってはいい話だ。そして、その場所を私たちが提供できれば、私たちにとってもいい話だ。

私たちはマイクの家の地下室の空いているところをきれいに掃除し、本を読める場所を確保して、漫画図書館を始めた。開館時間は平日の放課後。入館料として十セント払えば、だれでも二時間、漫画が読み放題というシステムだ。

図書館は大繁盛《だいはんじょう》で、三カ月のあいだに私たちは平均して週九・五ドルの収入をあげた。三カ月の稼ぎを計算してみればわかるが、当時の私たちには大金だった。これで大金持ちになれる！

私たちはマーチンさんのところで働き続け、それと引き換えに漫画雑誌を手に入れる一方、金持ち父さんが所有するほかの店も回って売れ残りの雑誌を集めた。雑誌を売ったわけではないから卸売業者との約束はきちんと守っていたし、働き続けることでマーチンさんや金持ち父さんとの約束も守った。

漫画雑誌を使ったこのビジネスで一番いいのは、たとえ私たちがその場にいなくてもお金が稼げることだ。私たちは週一ドル払ってマイクの妹を司書として雇い、図書館の運営を任せた。それはたいして面倒な仕事ではなかった。図書館内の整理整頓《せいとん》と、みんなから入館料を集め、それを記録することだけだった。実際、このビジネスは私たちの手を必要とせずに、自動的に

動いていた。資産が私たちの代わりに働いてくれていたのだ！

目の前にビジネスチャンスはぶら下がっていないか？

マイクと私が漫画雑誌を使ったビジネスを見つけたのはまったくの偶然《ぐうぜん》で、道を歩いていてたまたまそれにつまずいたようなものだった。つまり、チャンスは私たちの目の前にあった。あなたの目の前にもチャンスはぶら下がっていないだろうか？　あなたにはまだ見えていないチャンスが……。

この本の「はじめに」の最後で作った「ほしいもの・やりたいことリスト」をここで見直してみよう。（まだ作っていなかった人は今作ろう。）次に、第一章の知能と学習スタイルのリスト（36〜41ページ）に戻って、自分の得意分野、自分に合った学習スタイルを思い出そう。それができたら、今度は二つを合わせて考える番だ。

こんなふうに考えよう――たとえば、あなたがほしいと思っているものの一つが、友達が企画しているハロウィーンの仮装パーティーに着ていく、とびっきりすごい衣装だったとしよう。第一章で取り上げたいろいろな知能の中で、あなたの得点が高かったのは空間的知能で、しかも手を使って何かするのが得意だ。それなら、友達を集めて衣装の作り方

を教えてはどうだろう？　衣装のアイディアをいくつか考え、コンピュータで宣伝パンフレットを作って、そのパーティーへの出席者だけでなく近所の家にも配り、友達といっしょに衣装の製作を請け負《う》って料金をとれば、ビジネスをもっと大きくすることもできる。あなたのアイディアをもとに友達と衣装を作れば、みんながお金を儲けられるし、あなた一人で仕事を全部やる必要もなくなる！

目と耳をいつもよく働かせよう。この次にだれかが、「～があればなあ……」「～だったらなあ……」などと言うのを耳にしたら、そのニーズを満たすためのビジネスを作り出せないか考えよう。そんなことができるのは大人だけだと考えるのはやめよう。あなたのまわりにあるニーズの多くは、あなたの力で満たすことができる。ただ、一つ忘れないようにしてほしい――どんな商品、サービスを提供するとしても、最終的にはあなたが自分で働かなくてもお金が生み出されるような、大きなビジネスを作り上げることを目指して働こう！

第5章

金持ち父さんのお金の秘密　その四
お金を作り出す

収入はどこから来る？

お金はどこから来るのだろう？　こんな質問ばかげている……そう思った人もいるかもしれない。でも、この質問にきちんと答えられない人がどんなにたくさんいるか知ったら、きっと驚くことだろう。

たいていの場合、私たちは大人になるまで、お金について具体的に考えるチャンスを与えられない。赤ん坊は何もしなくてもすべての必要を満たしてもらえる。食べ物は魔法のようにいつの間にかテーブルの上に現れるし、着る物も、暖房《だんぼう》や水や電気もはじめからそこにある。電話だって受話器を取り上げさえすればつながる。子供の頃の私たちは、両親が朝仕事に出かけて夜戻ってくることと、家族が必要とする衣類や生活必需品《ひつじゅひん》、食料などとのあいだに関係があるなどとは思ってもみないのがふつうだ。

大人になるにつれて、今言ったようなものが魔法の力で現れるわけではないことがわかってくる。どうやら、お金と引き換えに手に入れるもののようだ……。こうして私たちの意識の中にお金という概念が入ってくる。でも、それがどのような仕組みで働いているか、すべてが見えてくるわけではない。なぜなら、給料だけがお金のすべてではないからだ。

お金を稼ぐ三つの方法

お金を稼ぐ方法には、大きく言って三つの種類がある。毎日仕事に出かけて稼ぐのはそのうちの一つだ。これは一番はっきりしていてわかりやすい方法だ。だからたいていの人はこの方法をまず考える。だが、お金を稼ぐにはまだほかに二つ、実際はもっと効果的な方法がある。

収入を大きく分けると次のようになる。

★勤労所得《きんろうしょとく》

勤労所得は仕事をすることによって得るお金だ。何か仕事についている人は給料をもらう。それは週給の場合もあるし月給の場合もある。私の実の父、貧乏父さんが「いい仕事につけ」と言っていたのは、勤労所得のために働けと言っているのと同じことだった。

★不労所得《ふろうしょとく》

不労所得は実際に身体を動かして働かなくても入ってくる収入を意味する。マイクと私が漫画雑誌を使ったビジネスから得たお金は不労所得だ。賃貸不動産から入ってくるお金も不労所得だ。これはなかなかいい方法で、私は長年、この方法でお金を稼いできた。つまり、アパートを建物ごと買って、それを人に貸して家賃収入を得る方法だ。

自分でビジネスを起こし、毎日の仕事をだれかに任せているという場合も不労所得が得られる。マイクと私の漫画雑誌ビジネスもその一つの例だ。

不労所得は著作権《ちょさくけん》使用料という形でも得られる。これは本を書いたり、作詞したり、テレビやラジオのコマーシャルに出演したりした場合に生まれる収入だ。あなたが書いた本が一冊売れるたび、作詞した歌が公の場で歌われるたび、あるいは出演しているコマーシャルが放映されるたびに、いくらかのお金をもらえる仕組みだ。一回ごとの額はわずかかもしれないが、「チリも積もれば山となる」で、たくさん集まれば大金になることもある。

金持ちはたいてい不労所得を生み出すのがじょうずだ。本人がほかのことをしている間に、つまりポートフォリオ（次の項目を見よう）の管理をしたり、ほかのビジネスを立ち上げたり、あるいは好きなことをしてただ人生を楽しんだりしている間に、お金がその人に代わって働き、収入を生み出す。

★ポートフォリオ所得

株式や債券《さいけん》、投資信託などの「紙の資産（金融資産《きんゆうしさん》とも言う）」にお金を投資している人がそこから得る所得がポートフォリオ所得だ。この所得も不労所得と同じような仕組みで働く。つまり、あなたが寝ているあいだも、お金があなたに代わって働いてくれる。

金持ち父さんのQ&A

Q　どの所得が一番いいんですか？

A　金持ち父さんはよく私にこう言った。「金持ちになるのに一番大事なのは、勤労所得を不労所得とポートフォリオ所得に変える能力だ。」金持ち父さんはまた、「税金は勤労所得に一番多くかかり、不労所得に一番少なくかかる」とも言っていた。金持ち父さんの言葉に従うなら、一番いい所得は、私たちのために一番よく働いてくれて、一番費用が少なくてすむ所得、つまり不労所得かポートフォリオ所得だ。

金持ち父さんの教えの中でもとくに重要で、私とマイクがしっかり覚えておかなければならなかった重要事項ランキングの第二位が、この「一番いい所得が何かを知っていること」だ。ランキング第一位は……緊張《きんちょう》の発表の瞬間《しゅんかん》！　続きを読もう！

大事なことはただ一つ

ある日、金持ち父さんはマイクと私にこう言った。「金持ちになりたかったら、覚えておかなければならない大事なことはただ一つ、資産と負債の違いを知り、資産を買うことだ。」

この言葉を聞いた時、私たちは金持ち父さんが冗談《じょうだん》を言っているのだと思った。その時はもう、金持ち父さんのために働き始めてからだいぶたっていて、そろそろ金持ちになるためのすごい秘訣を教えてもらえるだろうと楽しみにしていた。そこで言われたこの言葉はあまりに単純で期待はずれだった。「金持ちは資産を手に入れる。」金持ち父さんはそう続けた。「貧乏な人や中流の人は負債を手に入れて、それを資産だと思い込んでいる。」

「資産が何かを知り、それを手に入れるだけでいい。そうすれば金持ちになれるって言うんですか？」私はそう聞いた。

金持ち父さんはうなずいた。「そうだよ。それくらい単純なことなんだよ。」

「そんなに単純だったら、なぜみんな金持ちじゃないんですか？」

金持ち父さんはにこりとして答えた。「資産と負債の違いを知らないからだ。」

次に、金持ち父さんは資産と負債の違いを説明してくれたが、それにはほんの数分しか、かからなかった。

資産＝あなたのポケットにお金を入れてくれるもの

「資産はきみたちのポケットにお金を入れてくれる。」資産の定義として金持ち父さんが最初に言ったこの言葉は、それ以来、いつも私の頭の中に残っている。この言葉の意味は、資産は定期的に収入をもたらすものでなければならないということだ。

昔から言われる資産の定義は、自分が持っているもので価値があるもの、つまり、その必要があれば「お金に換《か》えられるもの」だ。価値があるものというのはどんなものだろう？　あなたも意外とたくさん持っているかもしれない。コンピュータやテレビ、携帯電話はどうだろう？　スキーの板は？　最高級の野球のグラブは？　子供の時買ってもらったバービー人形だって、今ならコレクターがほしがるかもしれない。ビデオゲーム機はどうだろう？

昔ながらの定義によると、あなた名義の銀行口座に入っているお金も資産だし、自分で買ったりだれかからもらったりした株や債券も、売れば価値があるわけだから資産となる。それからもちろん、財布の中の現金もそうだ。小遣いとして親からもらったものでも、仕事の報酬《ほうしゅう》としてもらったものでも、あるいは、だれかからプレゼントされたものでも同じだ。

だが、ここに一つ落とし穴がある。あなたの部屋にあるもので、「お金に換えられるもの」はすべて、確かに資産と言えるかもしれない（実際、ネットオークションなどで売ればそこそこのお金にはなる）が、本当に売れるまでは、厳密《げんみつ》には資産ではない。（そして、いったん売

ってしまえばもうあなたの資産ではなくなる！）財布《さいふ》の中の現金も同じことだ。ただ財布の中に入れておいたのでは、自然に増えてあなたのポケットによぶんなお金を入れてくれたりはしない。そんなお金は夢の中でしかお目にかかれない……。

ところが、これは必ずしも夢とは言えない！　財布の中ではないが、お金が「自己増殖《ぞうしょく》」する場所がある。つまり、不労所得やポートフォリオ所得を生む資産に投資されたお金は、そこで新たなお金を生む。あなたが所有するもので、不労所得やポートフォリオ所得を生むもの、それが資産だ。

負債＝あなたのポケットからお金を取っていくもの

資産の反対が負債だ。負債はあなたのポケットからお金を取っていく。実際のところ、先ほどあげた例——昔ながらの定義では資産と言えるかもしれないテレビやコンピュータなど——の多くは、今のところ負債だ。なぜなら、それを手に入れるためにポケットからお金を出さなければならなかったからだ。そして、そういったものの多くは、売ってお金に換えた場合、たいていは買った時の値段より安くなる。

負債にはまた、人から借りているものすべてが含まれる。友人や兄弟姉妹からお金を借りている場合、その借金は負債だ。あなたの両親が自宅を買うのにローンを利用したとしたら、それも負債だ。クレジットカードを使って何かを買ったとすると、それも負債だ。また、もちろ

ん、あなたが払わなければならない税金も負債だ。

資産か負債か?

貧乏父さんはこう言った。「私たちの住んでいる家は、私たちにとって最大の投資で最大の資産だ。」

一方、金持ち父さんはこう言った。「私の家は負債だ。もし、自分の家が最大の投資だという人がいたら、その人は大きな問題を抱えている。」

これはいったいどういうことだろう? 家は資産にも、負債にもなるということだろうか? そのとおり。資産は時としてまぎらわしい。資産のように見えるものが負債になることもある。例をあげて説明しよう。たとえば一組のカップルが結婚したとしよう。二人は、一方がそれまで住んでいたアパートにいっしょに住むことにした。二人で住めば家賃が半分になるから好都合というわけだ。だが、そのアパートは二人で住むには小さすぎた。二人はお金を貯めていつか夢の我が家を買おうと決心する。家が買えたら子供も作ろう……。

それぞれに仕事を持っていた二人は何年か仕事に専念し、一生懸命に働いた。その結果収入は上がり、それにつれて払わなければならない税金も増えた。稼げば稼ぐほど、税金が増えるシステムになっているからだ。二人の場合、支出も増えたが、それはシステムのせいではなく彼ら自身のせいだ。どちらか一方の給料が上がると、二人はいつも外に出かけて昇給《しょうきゅう》を祝った。

そして、大きなテレビを買ったり、もっといい車に買い換えたりして、貯金はあまりしなかった。

それでも何年かたつと少しお金が貯まった。二人はそれを頭金にして家を買った。はじめて資産らしい資産を手に入れたと、二人は大喜びした。だがすぐに、固定資産税《こていしさんぜい》を払わなければならないことに気がついた。それはかなり高かった。新しい家は前のアパートよりずっと広く部屋数も多かった。

二人は次に家具を買い始めた。前のアパートは借りていたので、備えつけの電気製品などは持って出ることはできなかった。だから、レンジや冷蔵庫、洗濯機《せんたくき》、乾燥機《かんそうき》なども新しく買わなければならない。それに部屋にはエアコンも必要だ。エアコンを四台取り付けると、夏の間の電気代がかさむようになった。おまけに、家を買うために銀行から借りたローンも毎月返済しなければならない。

二人の夢の家、昔ながらの定義で「資産」と呼ばれるものは、今の二人にとっては負債だ。なぜか？　それは、その家が二人のポケットからお金を取っていくからだ。ほら、簡単なことだろう？　金持ち父さんはマイクと私にそう説明してくれた。それ以来、私は資産と負債の違いをまぎらわしく思ったことは一度もない。

今、「なるほど。でもぼく（私）には関係ない。だって、家なんて持っていないんだから！」と思った人もいるかもしれない。でも、そんなに自信を持って言い切らないほうがいい。家で

はなく、車だったらどうだろう？　車も資産のように思えるかもしれないが、毎週あなたのポケットから出ていくガソリン代のことを忘れないでほしい。それに、道路で故障したらどうなるだろう？　修理工場まで運んでもらうのにもお金がかかるし、部品はけっこう高い。つまり、資産が負債に変わるのにたいして時間はかからない。あなたの車はガソリンを「食う」だけでなく、あなたのお金も食べる。さらに、車を売った場合の値段は、買った瞬間からどんどん下がる。もしかしたら、部品の価値だけになって、何回かの昼食代のたしにしかならないかもしれない。

今度は、あなたの両親が家を買ったとしよう。買った時には建物の状態もとてもよく、まわりも静かで、前の通りには街路樹《がいろじゅ》が植えられている。まもなく大きなショッピングセンターが近くにできて、近所は最高の立地となり、おかげで家の価値が上がった。売ったとしたら、買った時の値段より高く売れただろう。だが……。

それからすぐ、二十の劇場を有する映画館がショッピングセンターの中にできて、家の前の静かな通りは一夜にしてにぎやかな大通りになる。渋滞《じゅうたい》した車が警笛を鳴らし、いらいらしたドライバーたちが大声をあげ、あたりは排気《はいき》ガスのにおいでいっぱいだ。家の価値は急降下する。ショッピングセンターに行く道がほかにできるまで、あるいは警笛の使用に関してもっと厳しい法律が作られるまで、かつては静かだった家の前の通りは、大晦日《おおみそか》のニューヨークのタイムズスクエアより騒《さわ》がしいままだ。

さらに悪いことに、ある寒い冬の日、給湯器が故障して屋根から水が漏《も》り始めた。これは確実な物件だと思って家を買ったあなたの両親の財布から、家を維持《いじ》するためにかかるお金がどんどん出ていく。二人はもうこれ以上悪いことは起こらないでくれと祈るばかりだ。

むだ遣いせずに資産を買おう

もっと身近な例は、あなたの部屋の中にある。コンピュータをはじめ、机の上やそのまわりにあるテクノロジー機器は、買った時にはもちろん最新式、最高級、流行の最先端をいくものばかりだった。だが、どれも、家に持って帰り、箱を開けたその瞬間から価値が下がっていく。

買ったばかりの携帯電話について考えてみよう。着信音が特別だからとか、高性能のカメラが内蔵されているからといった理由で、どうしてもほしくて買った電話だ。でも、今はもっといい着メロを使えたり、もっと解像度のいい画像が撮れたりする機種が出ている。いずれにせよ、いつかは新しいモデルが市場に出る（たとえばバージョン5・0の次に6・0といったように……番号が大きくなると、どうしてもそれがほしくなる）。すると、突然、バッグに入っているあなたの携帯は、材料のプラスチックほどの価値もなくなる。

いま例に取り上げたようないろいろなものを、私は「むだ遣い《ドゥーダッズ》」と呼んでいる。ドゥーダッズは買った瞬間から価値が下がる。

金持ち父さんから資産と負債の違いについて説明を受けたあと、マイクと私は黙《だま》ってそこに

立ったまま、どうしたらよいか金持ち父さんが教えてくれるのを待った。いま思えば、答えは簡単だ。たいていの人は知っている。でも、その通りにしようとする人は少ない。つまり、「収入を生む資産を買え」というのが答えだ。私が金持ちになったのも、この方法を使ったおかげだ。私が一棟《とう》丸ごと買い、人に貸しているアパートやマンションは、確かに管理や維持にお金がかかるかもしれない。だが、それと同時に安定した収入をもたらしてくれる。

「不動産なんて買えない子供にどうしろと言うんだ？」そう疑問に思っている人もいるかもしれない。その答えは「ものを買う時に注意しろ」ということだ。むだ遣いにすぎない「おもちゃ」にあまりお金を注ぎ込まないようにしよう。そして、自分の資産を見直そう。あなたが集めているもので、価値が上がっているものはないだろうか？　自分の部屋を新しい視点から見直して、バービー人形だけでなく、ＣＤやサイン入りの手紙や写真、野球のボールなどの管理をきちんとしよう。いつか、買った時の値段より高い値段で売れる日が来るかもしれない。その日が必ず来るという保証はないが……。

もっといい方法は、目と耳をしっかり使って、友達といっしょにビジネスを始められるチャンスはないか、常にさがすことだ。そうやって始めたビジネスが、いつか不労所得を生むようになるかもしれない。そして、ビジネスから収入が得られるようになったら、そのお金を使って株や債券を買ってみよう。株や債券の価値が上がれば、これもまた収入を生む資産になる。

つまり、あなたが頭に入れておかなければいけないことは次の三つだ。

★資産はあなたのポケットにお金を入れてくれる
★負債はあなたのポケットからお金を取っていく
★収入を生み出すような資産を買おう

さあ、これではっきりしただろうか？　では、先に進もう。

第6章

金持ち父さんのお金の秘密　その五
大事なのはキャッシュフロー

数字を読んで理解する

「金持ちになりたかったら、数字を読んで理解する必要がある。」金持ち父さんはマイクと私に何度もそう言った。

金持ち父さんは私たちに何か教える時、説明を簡単にするために言葉は最小限にとどめ、できるだけ図を使った。一番最初に金持ち父さんが描いたのは、資産と負債の動きを簡単に説明するための図、つまり財務諸表《ざいむしょひょう》の図だった。

財務諸表というのは、一言で言うと、あなたが持っているものと人から借りているものの関係を示す表だ。会計士や会社（大きい会社も小さい会社も）の経営者は、この財務諸表をもとに会計の仕事をしたり、会社を経営したりする。財務諸表はその時の財政状態をカメラで撮ったスナップ写真だと言ってもいい。

財務諸表には、「損益計算書《そんえきけいさんしょ》」と「貸借対照表《たいしゃくたいしょうひょう》」と呼ばれる二つの会計報告書がある。

損益計算書はその名の通り、損失と収益を計算したものだ。どんなお金が入ってきて、どんなお金が出ていったか、今使えるお金はどれくらいあるかといったことを教えてくれる。つまり、ある一定期間内の収入と支出、そして、その結果である残高を表すのが損益計算書だ。

一方、貸借対照表は資産と負債のあいだの関係（これは時には綱引《つなひ》きのように引っ張りあう関係になる）を表している。これこそ、ある瞬間の財政状態のスナップ写真だと言えるだろう。

お金に関わる数字を読む時にもう一つ大事な言葉は、「キャッシュフロー」だ。これは入ってきたり出ていったりする「お金の動き」を示す。

金持ち父さんはいくつかごく簡単な図を描いて私たちに見せてくれた。自分の財務諸表を作ってみたい人は、紙を用意して、図①のように二つに区切られた四角を二つ描き、小さい四角の一つ一つに「収入」「支出」「資産」「負債」と書き入れよう。

図①　財務諸表を作ってみる

この二つの大きい四角のうち、収入と支出と書かれているのが損益計算書で、資産と負債と書かれているのが貸借対照表だ。

財務諸表は、私たちのお金が今どのような状態にあるかを教えてくれる。そして、私たちが望む理想的状態は、支出より収入、負債より資産が多い状態だ。一方、財務諸表の上でキャッシュフローの流れを見ると、私たちのお金がどちらの方向に流れているかがわかる。それを次に見てみよう。

資産と負債のキャッシュフローパターン

資産のキャッシュフローパターンを矢印で示すと図②のようになる。

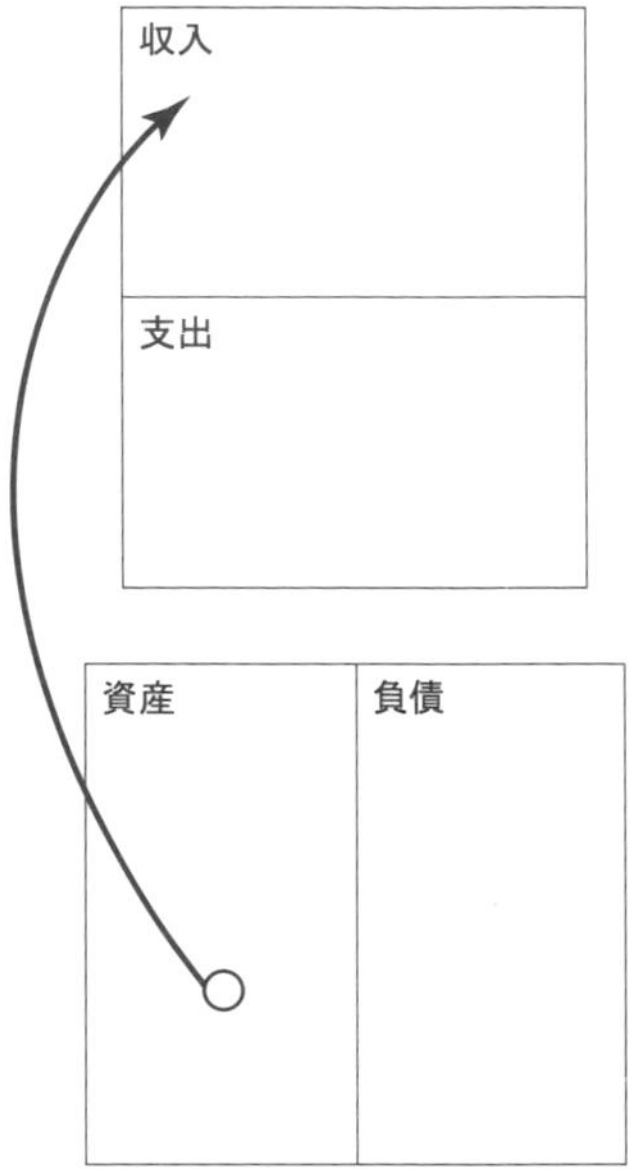

図②　資産のキャッシュフロー

この図でキャッシュフロー、つまりお金の流れを意味する矢印は、資産の欄《らん》から収入の欄に流れている。これは資産がお金を生み出している状態だ。

負債のキャッシュフローパターンを矢印で示すと図③のようになる。

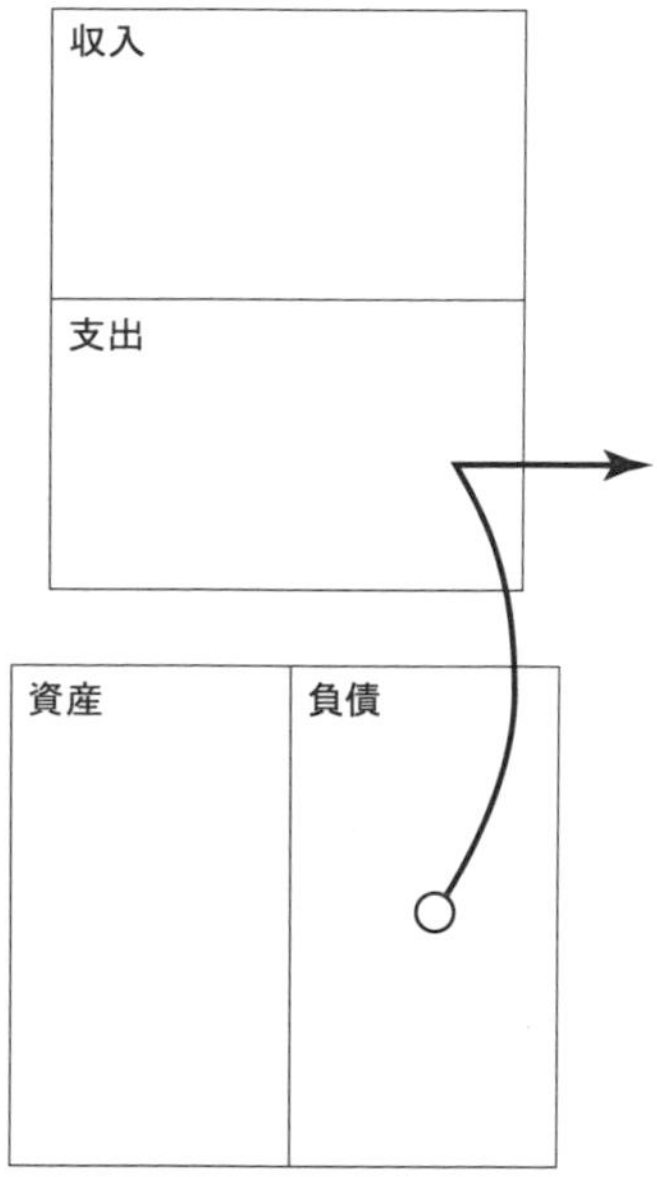

図③　負債のキャッシュフロー

この場合、キャッシュフローの矢印は、負債の欄から支出の欄へ流れ、そこから図の外に流れ出している。つまり、お金はどこかほかへ行ってしまう。あなたが自分の所有物を維持するため、たとえば車の修理をしたりするために使ったお金は、すべてこのようにして外へ出て行く。

金持ち父さんのQ&A

Q「お金は持っているけれど貧乏だ」ということもありますか？

A そういう場合もある。矛盾しているように思えるかもしれないが、そうなる可能性はある。なぜなら、勤労所得、つまり給料の額は、その人の本当の豊かさとは比例しないからだ。私の父はかなりいい給料がもらえる「いい仕事」についていたが、「貧乏父さん」の生き方をして、それを変えようとはしなかった。一方、マイクのお父さんは、砂糖キビ工場で働いていて、もらえる給料はおそらく父と同じくらいだった（あるいは少なかったかもしれない）が、それをうまく投資して金持ちになった。

貧乏父さんの財務諸表は図④のようになる。

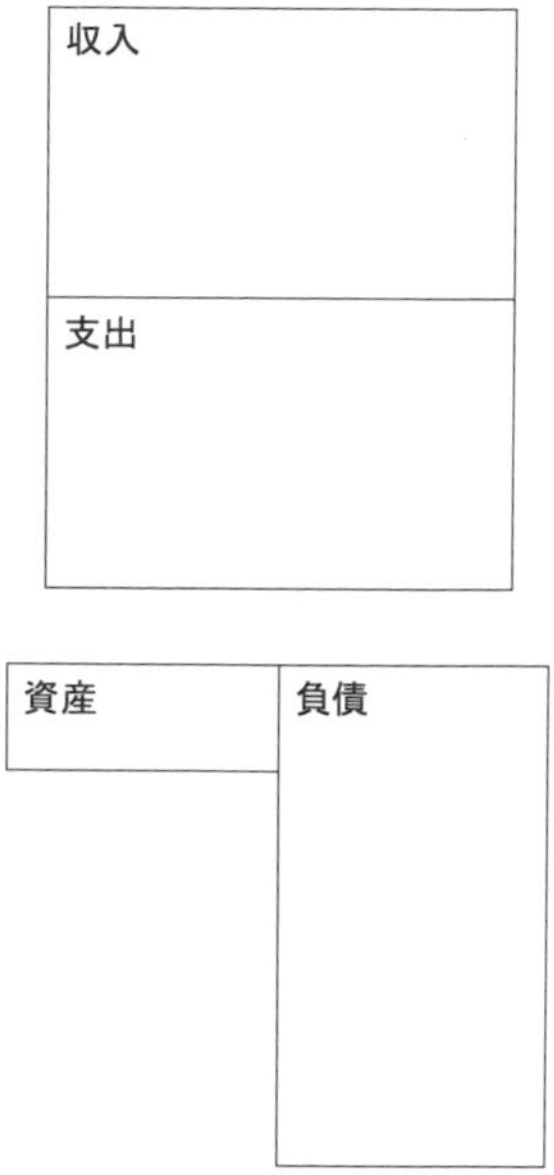

図④　貧乏父さんの財務諸表

一方、金持ち父さんの財務諸表は、収入に比べて支出が少ない状態を反映し、また、負債の欄が資産の欄よりずっと小さくなるはずだ。

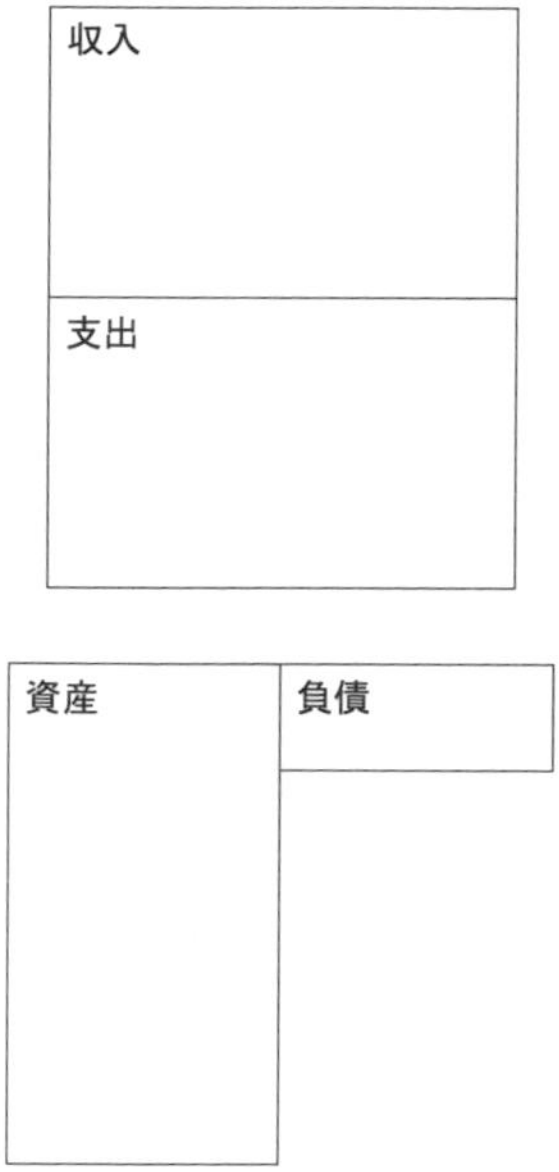

図⑤　金持ち父さんの財務諸表

この二つの図からわかる通り、資産の欄にできるだけ多くのものをとっておき、負債の欄に入るものをできるだけ少なくすれば金持ちになれる。実に単純なことだ。

財務諸表を作ってみよう

さあ、今度はあなたの番だ。先ほど収入、支出、資産、負債と書き入れた四つの四角を使えば、あなたも簡単に自分の財務諸表が作れる。

まず収入から始めよう。放課後や週末にアルバイトをしている人はいないだろうか？　収入の欄にまず最初に書き入れるのは、仕事からの収入だ。次に、小遣い、誕生日にもらった現金など、あなたのポケットに入ってくるお金をすべてこの欄に書き込もう。

次は出ていくお金だ。支出にはどんなものがあるだろう？　お金を払わなければならないものをすべてリストアップしよう。支出を種類別に大きく分けて考えるともれがない。次に例をあげるので参考にしてほしい。あなたが日常的に買うものに丸をつけ、だいたいの値段を書いて、種類別に毎月平均してどれくらい使うか、合計額を計算しよう。

□食料……飲み物、お菓子、映画館で買うポップコーン、外食、おやつ

□衣料……靴、学校へ行くための服、普段着《ふだんぎ》、外出着、服飾品《ふくしょくひん》（ハンドバッグ、ベルト、アクセサリーなど）

□スポーツ……運動着（ユニフォーム、水着など）、スポーツシューズ（ハイキング用ブーツ、各種スポーツ用シューズ、ローラーブレードなど）、スポーツ用品（サーフボード、スケートボード、自転車、テニスのラケットなど）

□交通……公共の乗り物（バス、地下鉄）、個人で乗る乗り物（自家用車、タクシー）、ガソリン、高速道路、整備・修理代

□娯楽《ごらく》……映画（チケット、レンタルビデオ）、ＣＤ、ＤＶＤ（購入またはレンタル）、雑誌の購読《こうどく》、書籍、コンサートのチケット、携帯電話の電話代

□洗面・化粧《けしょう》用品……シャンプー、マニキュア、デオドラント剤、化粧品

□美容・理容……ヘアカット、マニキュアやペディキュア

□ペット……ペットフード、猫用トイレ用品、首輪、皮ひも、ペット用おもちゃ

□高額の出費……飛行機のチケット、新しい車、学費、家計を助けるために家に入れるお金、携帯電話

さあ、いくつ丸がついただろうか？　種類別の項目すべてにあてはまるものがあった人もいるだろう。あるいは項目を付け加えなければいけなかった人もいるかもしれない。支出をチェックしてみてわかったと思うが、あなたのお金が収入の欄に長く留まっていられるチャンスはあまりなさそうだ。

大人、たとえばあなたの両親の場合は、損益計算書の支出の欄に、家賃あるいはローンの返済、家の維持費、光熱費（ガス、電気）、車の維持費（ガソリン、修理）、子供たち（あなたやあなたの兄弟姉妹！）の教育費、家族旅行の費用、年をとっていく親の世話、自宅でのパーティーの費用など、もっとたくさんの項目が含まれている。

かぎりなくある支出のことを考えると、収入の欄にいくらかでもお金が残ることの方が不思議に思える！　実際のところ、支出《イクスペンス》はとても高く《イクスペンシブ》つく。

支出を種類に分ける作業をやってみて、二つか三つの項目にあてはまる支出しか見つからなかった人はいないだろうか？　あるいは自分のお金がどこに消えてなくなっているか、よくわからなかった人もいるかもしれない。そういう人たちには、とても簡単な問題解決法がある。それはレシートをとっておくことだ。

財布を出して何か支払をした時はいつも、レシートをもらおう。そう、「いつも」だ。たとえガム一つでも、レシートをもらおう。そうすることで、ものを買うことについて意識するようになる。そして、どんなふうにお金を使っているかがわかってくると、何かを買う前に本当に必要か考えるようになる。「これを買わなくちゃ……」と思う代わりに、「これと同じようなものが家になかったか？」と考え始める人もいるだろう。そのうちに、お金が財布の中に長く留まるようになり、それから、どんどん奥の方へもぐりこんでいく。

あなたのお金はどこに消えた？

財布の中にお金を入れて家を出て、ほんの二、三時間外にいただけでも、帰ってきたら財布がほとんど空になっている……あなたはそんな毎日を送っていないだろうか？　これは、家の近所にとびきり腕《うで》のいいスリがいるか、あるいは自分でも気がつかないうちにお金を使ってしまっているか、そのどちらかだ。

ここで一つやってみてほしいことがある。一日だけでいいから、「金持ち父さん日記」にすべての支出を記録しよう。家に帰ってまとめて記録するのがめんどうな人は、ごく小さなメモ帳を財布の中に入れておけば、何かを買ってお金を払うたびにそのメモ帳が見えるから、忘れずに記録できる。メモ帳と財布を輪ゴムで止めておくのもいい。とにかく、何か買ったら必ずそれを記録しよう。

メモ帳を財布の中に入れたり、輪ゴムで止めたりする方法は、財布の中のお金を使いにくくする。また、財布を取り出す回数、開ける回数がどんなに多いか気づかせてくれる。

メモ帳に書きとめるのに、ボールペンか鉛筆《えんぴつ》を持ち歩くのを忘れないようにしよう！

あなたの財政状態は？

さあ、収入の欄と支出の欄に項目と数字を書き入れたら、損益計算書のできあがりだ！　次は貸借対照表の番だ。株式や債券を持っていたり、銀行に口座がある人は、その名称を資産の欄に項目として書き入れよう。その横に数字も書かないといけないが、銀行口座の場合は残高を書けばいいので簡単だ。株式や債券の場合は今日の値段を調べて、「時価総額」を計算し、それを書き入れよう。

次は負債だ。車のローンや、だれかから借りているお金、つまり、あなたのポケットからお金を取っていくものがあったら、その項目名と金額を書き入れよう。

資産と負債の欄に記入できたら、それぞれの合計を計算し、資産から負債を引いたものが「純資産《じゅんしさん》」額だ。この純資産はプラスであるべきものだが、資産より負債が多いとマイナスになってしまう。つまり自分が持っているものより多く人から借りている場合だ。この場合はファイナンシャル・プラン（お金に関する総合的計画）を真剣に見直す必要があるかもしれない。少なくとも、きちんと予算を立てて支出するようにしなければいけない。

自分の「ビジネス」に気を配る

資産と負債の違いが完全にわかれば、本当の資産を買えるようになり、資産の欄をつねに充

実させておくことができるようになる。いくらかでも資産の欄にお金が入ってきたら、そのお金が「従業員」になってあなたのために働いてくれると考えよう。これがまさに「お金を自分のために働かせる」ということだ。このようにして自分のビジネス（「やるべきこと」の意味もある）に気を配ることによって、あなたは経済的自由に向かって本当の第一歩を踏《ふ》み出す。

限られたお金を長持ちさせる

どんなことにお金を使っているかがわかれば、支出を切り詰める方法を自分で考え、決めることができるようになる。まず一日だけ、何にお金を使っているかに気をつけるようにしよう。そうすれば、何も考えずにものを買っていることがどんなに多いかわかるだろう。このように支出を意識して一週間過ごしてみたら、いつの間にか、ほとんどお金を使わずに家に帰ってきた……ということになるかもしれない。このほかにも、「限られたお金を長持ちさせる」方法はたくさんある。その例をいくつかあげよう。

□衣類をリサイクルしよう。ピンクが大好きだった頃に買ったTシャツで、もう着ていないものがあったら、染料で違う色に染めればいい。

□いつも友達と外で昼食を食べている人は、時にはいっしょに家で食べるようにしよう。テレビでは、いつもおいしそうな料理番組をやっている。簡単な食事の作り方を見つけるのは簡単だ。友達といっしょに作って食べれば外食より安上がりだし、楽しみも倍増する。

□シャンプーや紙、電池など、いつも補充《ほじゅう》しておかなければならないものは、一度にまとめて買って割引をしてもらおう。ディスカウントストアに行って買うのもいい。そうすれば、お金も節約できるし、必要な時にすぐ補充できる。

第7章

金持ち父さんのお金の秘密　その六
ゲームで学ぶ

貧乏父さん――「勉強をして学べ」
金持ち父さん――「ゲームをして学べ」

ゲームをして学ぼう!

金持ち父さんは何をするにも私たちの予想通りということがなかった。マイクと私が気を抜かずに、学ぶことに興味を持ち続けることができたのはそのおかげだと思う。資産と負債という大きなテーマを単純な図を使って説明したあと、金持ち父さんが私たちのために用意していた話も、また予想外の話だった。

金持ち父さんはこう言った。「ゲームは現実の世界の人生を反映している。ゲームをすればするほど金持ちになる。」ゲームが人生を反映している……なんてすばらしい考え方なんだ！私はその考えがとても気に入った。それまでもボードゲームの「モノポリー」をするのは大好

きだったが、人生の師、見習うべきお手本とも言うべき人物が、モノポリーをすればお金のことがわかると言ってくれたのだから！

ちょっと見ただけでは、モノポリーというゲームは不動産がすべてのように見えるが、実際はもっと複雑で、第五章で紹介した資産や不労所得といった、お金に関するあらゆる原理を取り入れている。モノポリーでは、ゲーム盤《ばん》の外枠にそった道を一回りするたびに二百ドル受けとる。金持ち父さんから所得についての話を聞いたあと、私はこれが給料、つまり給与所得にあたることに気がついた。そして、このお金を使わずにとっておいて、お金を生んでくれるところにつぎ込めば、それが資産になるということもわかった。

モノポリーのようなゲームをしていた幼い頃から、私は不動産に興味があった。モノポリーのゲーム中、チャンスがあれば必ず家やホテルを買った。そうすれば、私が不動産として所有しているマス目にほかのプレーヤーが止まるたびに、地代がもらえる。資産は収入を生み、その収入はさらに資産を買うための資金になった。その仕組みを金持ち父さんから学んだあとにゲームをすると、本当にそうなっているのがよくわかった。収入があるかぎり、資産に投入する資金をどんどん増やすことができた。

そのうち私は、これを実生活に応用するにはどうしたらいいか、つまり実際のキャッシュフローを生み出すにはどうしたらいいか考え始めた。もし実際にビルやアパートを持っていて、だれかに貸すことができれば、毎月お金が入ってくる……。

子供の頃モノポリーが好きだった私は、大人になってから、金持ち父さんの教えが学べるようなゲームを作りたいと思った。こうしてできた『キャッシュフロー』ゲームは、今、三種類ある。大人用のキャッシュフロー101とキャッシュフロー202、それから子供向けのキャッシュフロー・フォー・キッズだ。（どれも日本語版がある。詳しく知りたい人は、金持ち父さんの日本オフィシャルサイト http://www.richdad-jp.com を訪れてほしい。）

キャッシュフローゲームをやれば、この本であなたが今学んでいるいろいろな考え方や実現したい目標を、ゲーム盤の上で試してみることができる。それに、このゲームもモノポリーと同じように、あなたが今生きている現実の世界を反映しているから、少なくともモノポリーと同じくらいおもしろい。

「ラットレース」から「ファーストトラック」へ

どのキャッシュフローゲームでも、ゴールはラットレース――つまりお金を稼いでは請求書の支払をするという、終わりのないいたちごっこ――から抜け出し、ファーストトラック（高速車線）に移ることだ。ファーストトラックでは、資産があなたに代わってお金を稼ぎ、あなたは不労所得を受け取る。

第二章で新しいルールと古いルールについてお話ししたが、そこで私が古いルールと呼んだ「学校へ行き、就職して、家を買い、給料をもらう」というルールは、人をラットレースに送

り込む。ラットレースにつかまった人は、働いて請求書の支払をするばかりで、人生を楽しむ時間も、家族や友人とともに過ごす時間も持てない。どんどん働く量を増やし、より多くお金を稼ぎ、くだらないおもちゃを買い続け、前より多くの請求書の支払をすることを繰り返すばかりだ。実際のところ、世の中の九十パーセントの人がラットレースの中で生きていて、いつも必死で請求書の支払をして、給料ぎりぎりの生活をしている。そういう人たちは昇給すれば問題が解決すると思っているが、たいていの場合、手にするお金が増えると、負債にしかならない「おもちゃ」がもっとほしくなり、それらを買い込むだけだ。これは第五章で紹介したカップルの例を見るとよくわかる。負債を買うことによって、人はどんどんラットレースの迷路にはまり込み、借金漬けになっていく。

電子版キャッシュフローゲーム

キャッシュフロー101とキャッシュフロー・フォー・キッズは、インターネット版もある。(CASHFLOW THE E-GAME と CASHFLOW FOR KIDS AT HOME。) ほかに、学校で使える先生向けの特別バージョン、CASHFLOW FOR KIDS AT SCHOOL もある。(いずれも英語版のみ。)

また、インターネット版のキャッシュフロー101を持っていれば、英語の会員制ウェブサイト Rich Dad's INSIDERS に参加し、世界中の人とオンラインゲームをすることができる。

もっと詳しく知りたい人は、英語のサイト http://www.richdad.com に行ってみよう。

子供向けに作った英語のウェブサイト、http://www.RichKidSmartKid.com では、利益や借金、お金の管理、資産、慈善《じぜん》事業を通して社会にお金を還元《かんげん》することの大切さなどを教える四種類のミニゲームが楽しめる。幼稚園から高校まで、さまざまな年齢層に向けたゲームがあり、この本で学んださまざまなことを復習するのに役立つ。

ミニゲームの一つ、『ジェスのアイスクリーム・スタンド』のゴールは、アイスクリーム・ビジネスから利益をあげ、店のオーナーのジェスが休暇《きゅうか》を取れるようにしてあげることだ。もう一つのゲームでは、ジェスが資産を築いてラットレースから抜け出し、ファーストトラックに乗る手助けをする。アイスクリーム・ビジネスを町中に広げるにはどうしたらいいか、ジェスといっしょに考えるゲームだ。どこに投資したらどれくらいの利益があがるかを分析すると、自分は働かずにお金を働かせるというのがどういうことか、よく見えてくる。

『レノの借金』というミニゲームでは、自分で返済しなければならない悪い借金をすることや、投資からの利益で返済できるいい借金をすること、負債から抜け出すために働くこと、そして投資から最高の利益をあげることなどについて学ぶ。もう一つのミニゲーム『イマの夢』は、慈善事業への寄付をテーマにしたゲームだ。人にお金をあげられるようになるための一番いい方法は、まず自分自身に支払うことだ。これは賢いお金の使い方でもある。

CASHFLOW FOR KIDS AT HOME の CD-ROM 版では、三つの年齢層に向けたゲーム

から好きなものが選べる。どのゲームも一人でもできるし、他のプレーヤーと楽しむこともできる。プレーヤーはまずいくらかのお金と、収入の道を与えられ、自分の番が来たらサイコロをふって（実際はバーチャルの「サイコロ」をクリックして）、ゲーム盤の上を動き回る。盤上には赤、緑、黄色のマス目があるが、それぞれ出費、ビジネスチャンス、「サンシャインカード」を意味する。サンシャインカードは他人に何かいいことをするチャンスを与えてくれるカードだ。緑のマス目に止まって、ビルを買うといったビジネスチャンスを得たら、与えられた情報をもとに、いい話か悪い話か判断しなければならない。チャンスに賭《か》けてもいいし、それを見送ってお金をとっておいてもいい。ゲーム中はいつでも、自分の経済状態を示す財務報告書を手に入れることができる。

キャッシュフロー101

キャッシュフロー101の目的もほかのキャッシュフローゲームと同じように、投資から得る収入（不労所得）を支出より多くして、生活費の不足を心配しながら給料のために働くのではなく、自分の夢を追うことができるようにすることだ。このゲームでは、大統領と夕食を共にする、子供図書館を建てる、世界の七不思議を訪ねる……といった夢の中から、プレーヤーが実現したい夢を選ぶことができる。

キャッシュフローゲームは、四つのレベルの投資においていい投資ができるようにあなたを

訓練してくれる。四つのレベルの投資とは、小さな取引《スモールディール》、大きな取引《ビッグディール》、ファーストトラック、そして、101の上級版のキャッシュフロー202にあるような投資だ。プレーヤーはゲームをやりながら投資と会計について学ぶ。ゲームに勝つ決め手はファイナンシャル・リテラシー（お金に関する読み書きの能力）だ！

金持ち父さんのQ&A

Q　ゲームなんて子供だましじゃないの？

A　とんでもない！　ゲームをするのは、安全に楽しめる環境の中で、実生活のビタミンがいっぱい詰まった薬を飲むようなものだ。たとえばキャッシュフローゲームの場合は、サイコロをころがしたり、マウスをクリックしたりするたびに、プレーヤーはお金に関わるいろいろな状況にさらされる。つまり、本物のお金を使わず、簡単にそういう体験ができる。ボードゲームでも電子版でも、ほんの数時間ゲームをしただけで何年分もの経験ができる。キャッシュフローゲームは、ごく短い時間で、実生活でどのようにお金と付き合うか、いくつもの選択肢《せんたくし》が与えられていることを教えてくれる。

あなたはどのタイプのプレーヤー？

私はこれまでに千人以上の人たちがキャッシュフローゲームをするのを見てきた。また、そのほかにも数え切れない人たちから、さまざまな感想、意見を聞いてきた。その中にはいろいろなタイプの人がいたが、ここで、あなたがどんなタイプのプレーヤーか調べてみよう。

次にあげる五つのうち、あなたはどのタイプのプレーヤーだろう？　説明を読んで、まったくあてはまらなければ1に、よくあてはまる場合は5に丸をつけてみよう。

A．すぐにラットレースから抜け出す人

一番早くラットレースから抜け出すのは、数字に強く、お金に関して創造的な考え方のできる人である場合が多い。こういう人は短時間で、自分に与えられた選択肢が何かを理解する。ラットレースから抜け出すまでに一番時間がかかるのは、数字に弱く、投資が持つ力がわからない人だ。

B. 貯めたお金を大事に持っていてチャンスを逃す人

大金を儲けたのに、それを使って何をしたらいいかわからないという人はよくいる。そういう人はお金はあっても何もしないから、ほかのプレーヤーにどんどん差をつけられる。これは実生活でも同じだ。大金を持っているのに経済的に成功しない人は大勢いる。

1　2　3　4　5

1　2　3　4　5

C. 「私にはいいことなんて起こりっこない」と信じている人

ゲームをしている人の中には、いいチャンスカードが来ない、いいマス目に止まらないと文句を言う人がいる。彼らは、ほかの人がゲームをしているあいだ、ただ何もせず、いいカードが引けるのを待っている。こういう人は現実の世界にもいる。彼らはリスクをとらず、「完璧《かんぺき》な」チャンスが訪れるのを待ち続ける人たちだ。

1　2　3　4　5

D．「私にはそんなお金はない」と言う人

すばらしいビジネスチャンスを示すカードを引いたのに、そのチャンスを活かすお金がないと言う人がいる。こういう人はゲームが終わってから、「もっとお金さえあったらラットレースから抜け出せたのに」などと言う。このタイプの人たちも、ほかの人がゲームをしているあいだ、何もしないでいる。実生活でも彼らは同じような行動をとる。そして、どんなに有利な取引の話が来ても、そんなお金はないと言う。

1　2　3　4　5

E．目の前にあるチャンスが見えない人

プレーヤーの中には、いいカードをめくって大声で読み上げても、それがすばらしいチャンスであることに気づかない人がいる。お金はあるし、タイミングもいい、そしてカードもめぐってきた。それなのに、目の前にあるそのチャンスが見えない。ラットレースから抜け出すためのファイナンシャル・プランに、そのチャンスをどう組み入れたらいいかわからないのだ。私の知るかぎり、プレーヤーの中で一番多いのはこのタイプの人たちだ。たいていの人は目の前に一生に一度のチャンスがあるのに、それが見えない

だけだ。

1

2

3

4

5

さて、あなたに似たタイプのプレーヤーは見つかっただろうか？　ここで紹介したのは、私がこれまで見てきた大人を分析、分類したものだが、ゲームから一番上手に、すばやく学ぶことができるのは、たいてい若い人たちで、それは彼らが進んでリスクをとるからだ。この本を読んでいるあなたは、Ａのタイプに最も近いのではないかと思う。もしそうでなくても心配は無用！　何度もゲームをするうちに、ゲームのやり方が変わってくるのが自分でもわかるだろう。

金持ちは、このゲームに参加しながら何もしないということは決してない。積極的に何かするし、創造的で、「計算済みの」リスクを冒《おか》す。つまりほかの人にとっては危険に思えるようなプランでも、細心の注意を払いながらじっくり考え、リスクをとる。

選択肢を増やし、そこから選ぶ

あなたにもそろそろわかってきたと思うが、キャッシュフローのようなゲームは、人生を勉強するのにとても役に立つ。いろいろな学習スタイルを利用してファイナンシャル・インテリジェンスを高め、金持ちと同じように考える一つの手段だ。ゲームをすることによってお金に関するＩＱが上がれば上がるほど、実生活でもラットレースを避《さ》けることができるようになる。

ファイナンシャル・インテリジェンスとは金銭的な問題を解決するための創造力だ。その問題とは、たとえば次のようなものだ——

□チャンスを待つ以外に、今の財政状態を改善するためにどんなことができるだろうか？
□財政状態を改善するための選択肢をいくつ見つけることができるだろうか？
□チャンスが舞《ま》い込《こ》んだのにお金がなくて、銀行もお金を貸してくれないとしたら、そのチャンスを活かすためにほかに何ができるだろうか？
□あてにしていたことが実現しなかったら、今の状況のままで、どうやったら大金を稼ぐことができるだろうか？

人生でゲームを楽しむ

私がファイナンシャル・インテリジェンスを高めるために何年も費やしてきたのは、世界で最も動きが速く、最も規模の大きいこの「お金のゲーム」に参加したかったからだ。私はつねに自分の頭を最大限に働かせ、最も活気のある場所にいたいと思っている。このゲームはリアルタイムで変化し、時代の最先端にあって、経験を積めば積むほどおもしろくなる。最初の頃は、ラットレース（貧乏父さんがいたのはここだ）からファーストトラック（金持ち父さんがいて、私が行き着きたいと思っていたのがここだ）まで、まるでジェットコースターに乗っているようで、大変な思いをするかもしれないが、やればやるほどどんどん楽になる。

私はこれまでの人生のほとんどを、ファーストトラックに移ることを目指して生きてきた。マイクと私は、十六歳になった時には、学校のほかの大部分の生徒とは違う生活を始めていた。午後と週末はマイクのお父さんのところで働き、仕事のあとはよく、金持ち父さんが銀行員、弁護士、会計士、株式ブローカー、投資家、自分が所有する店や会社の経営者、従業員などとミーティングをしているあいだ、テーブルの端の椅子《いす》に座って何時間も話を聞いていた。

このようなミーティングに同席することで、私たちは大学も含め、学校に通った何年ものあいだに学んだよりも多くのことを学んだ。それは新しいルールに従った学習で、成果を測る尺度もそれまでとは違っていた。A、B、C、あるいは優、良、可といった評価はもらわなかっ

たが、私たちには進歩の程度を測る別の方法があった。

金持ち父さんはこう言った。「成績表は学校でもらうものだ。学校を卒業したあと、銀行で成績表を見せろと言われることは決してない。彼らが見せろと言うのは財務諸表だ。」

社会見学をしよう

「社会見学」もゲームと同様、すばらしい学習のチャンスだ。と言っても、これは、小学生がするような科学博物館の見学とはちょっと違う。共通点があるとしたら、どちらも学校の外で、新しいものの見方を学ぶことを目的としている点だ。ここで言う社会見学は、本で学んだだけのことが実際にどうなっているのか、現場で見る機会を与えてくれる。物理的に外に出ることが重要なのではなく、現実の社会のさまざまな状況にうまく対処できるようになるために必要な情報・知識を仕入れることが目的だ。

次に例をいくつか挙《あ》げるので、ぜひやってみてほしい。

□両親が毎月の請求書の支払をする時に、その場にいてもいいか聞いてみよう。
□両親の財務諸表を見せてもらえるか、あるいはいっしょに財務諸表を作らせてもらえる

か聞こう。

□職場での一日がどんなものかを知るために、両親、あるいは友人の親に、職場に連れて行ってくれるように頼もう。

□家族の一週間分の食事の予算と献立を作り、その週の食料品の買い物を手伝おう。

□両親が車や冷蔵庫、洗濯機などの大きな家庭用品を買う予定があったら、いっしょについて行こう。現金で支払うか、そのほかの方法で購入資金を調達するかをどうやって決めるのか、また、それが月々の家計と財務諸表にどんな影響を与えるか説明してもらおう。

□両親に証券会社に連れて行ってもらおう。いろいろな投資商品とその収益率についてや、株式の銘柄《めいがら》による違いや投資信託の働きについて、快く話してくれるブローカーをあらかじめ見つけておいてもらうとなおいい。もしかすると両親は、あなたが証券会社に口座を開くのを許してくれるかもしれない。

□今度マクドナルドに行ったら、注意深くあたりを見回し、店の営業に金銭的に関わっているさまざまな人たちについて考えよう。たとえば土地や建物の所有者、店のオーナー、店に置かれたさまざまな物を生産する工場のオーナー、カウンターの向こうにいる店員、店を清潔に保つために働いている人たちなどがどうやって収入を得ているか考えよう。この中で資産を持っているのはだれだろう？　一日のほとんどの時間をレストランで過ごしているのはだれで、レストランで過ごす時間が一番短いのはだれだろう？

□今度どこかで賃貸用のアパートやマンションを見かけたら、ちょっとした計算をしてみよう。まず、郵便受けを見て、いくつ部屋があるかざっと数えよう。それから、月々の家賃はどれくらいかだいたいの見当をつけ、その二つの数字をかけ合わせて、アパートやマンションのオーナーが月々どれくらい収入を得ているか計算してみよう。次に、建物の周囲を見回して、土地建物の月々のローン返済のほかにオーナーが払っていると思われる経費、たとえば維持管理や警備にかかる経費にはどんなものがあるか考え、すべての合計額を出して、その数字を月々の収入から差し引こう。最終的にオーナーはどれくらい収益をあげているだろうか？　じゅうぶん儲けているだろうか？　知り合いがアパートに住んでいたら、オーナーをよく見かけるかどうか聞いてみよう。自分の所有するアパートにあまり顔を見せないとしたら、オーナーは自分の時間をどう過ごしているのだろうか？

　これらの社会見学はどれも、あなたの家の財政状態や経済的活動についてよりよく理解するのに役立つ（もしかしたら、そこに参加できるかもしれない！）。また、あなたが金銭的なことに関してしっかり責任のとれる人間になる手伝いもしてくれるだろう。

Part 3

キャッシュフローを作り出す

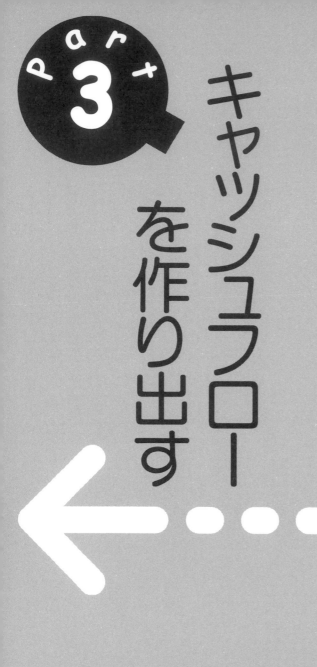

第8章 中高生のための金儲けプラン

「よし、資産と負債、キャッシュフローの話はよくわかった。でも、私はまだ二十歳にもなっていなくて、大金持ちの親戚《しんせき》が遺してくれたお金があるわけでもない。いったいどうやって、プラスのキャッシュフローを作り出せというんだ?」今、そんなふうに思っている人もいるかもしれない。

稼ぐためでなく学ぶために働く

たとえあなたが十六歳でも、あるいはもっと若くても、お金を儲ける方法はたくさんある。若くてもみんな何らかの技術や能力を持っていて、その技術やサービスを必要としている人やほしがっている人で、それを手に入れるために喜んでお金を払おうという人がかならずいる。「でも、ウェイターや事務の仕事はあまりおもしろそうじゃない……。」そう思うのも無理はない。私にお金についていろいろ教えてくれた金持ち父さんは、そういう仕事をする代わりにビ

ジネスを始めろと言った。

新聞配達をしたり、近所の家の落ち葉を掃いたり、雪かきをしたりするのはだれにでもできる。あなたの両親も子供の頃、同じようなことをやっていた。これに現代的な方式を取り入れたらどうなるだろう？　友達を集めて、近所の人を相手に、こういった仕事を請け負うビジネスを始めたらどうだろう？　そうすれば友達にもお金が入るし、あなたがボスになれば実際に身体を動かさなくてもお金が儲かる。

たとえば、自分で隣の家の犬を散歩に連れていって何ドルかもらう代わりに、「犬の散歩ビジネス」を始めてはどうだろう？　従業員ではなく、起業家になることを考えよう。自分でビジネスをやっている人は、車の運転席に座っているようなものだ。

いつかはビジネスオーナーになりたいが、今すぐには始められないという人は、まずセールスの技術を身につけよう。これはとても大事なスキルだ。これはあなたが実際にビジネスオーナーになるまでの時間を使って、学ぶことができる。セールスの経験はスーパーマーケットや小売店、レストランなど、それこそ数え切れないほどのいろいろな場所で得られる。それに、一つの業種で学んだセールスの技術はたいてい、ほかの業種にも応用可能だ。だから、いま靴屋でアルバイトをしているからといって、靴のことしか学んでいないと思うのは大間違いだ。

自分に合った仕事は何か？

　あなたに一番合っているのはどんな種類の仕事だろう？　ここでちょっと読むのをやめて、「金持ち父さん日記」を取り出し、自分に合っていると思う仕事、やりたいと思っていることを、何でもいいから思いつくまま上から順に並べて書こう。次にその横に縦線を引き、その線の右側に、家の近所であなたぐらいの年の子供ができそうな仕事を全部書き出そう。表ができたら、線の右と左で関連があるものはないか考えよう。そして、何かあったら、その二つを線で結ぼう。たとえば、いつか自分がデザインした服にブランド名をつけて売りたいと思っていたら、近所の洋品店で働き、その業界について学び始めるのはどうだろう？　どこで働くかを考える時には、まずあなたが達成したいと思っているゴールと照らし合わせて考えよう。

　表の左右を線で結べなかった人、あるいは、線がたくさんありすぎた人は、右側にもう一本線を引き、三つ目の欄を作ろう。この欄には、金持ち父さんがいつも私に、焦点を合わせるように言っていたことを書く。つまり、「自分のために作り出すことのできるチャンス」を書く欄だ。たとえば、これまで近所で子供がやったという話は聞いたことがないが、自分が興味を持っている分野について学ぶいいチャンスになりそうな、ちょっと変わ

った仕事などを書き出そう。前例がないからといって、それについて調べたり、やってみたりしてはいけないわけではない。

もちろん、自分がやりたいことと関係のある洋品店やレコード店で働けたら申し分ないが、だれもがそんな幸運にめぐりあえるわけではない。思い出してほしい。私は缶詰を並べるあの最初の仕事が大きらいだった。それでもやり続けたのは、金持ち父さんから何か学べると信じていたからだ。もう一度言うのでよく頭に入れておいてほしい。

稼ぐためではなく学ぶために働こう！

仕事と交換《こうかん》に教えを学ぶ

両親が私に、「おまえを大学にやるお金がない」と言った時、私は二人に心配しないように言った。授業料を自分で払う方法を何か見つけるから……。実際、その時までにすでに私は自分で稼ぎ始めていた。でも、正確に言うなら、私を大学に行かせてくれたのは、稼いだお金そのものではなく、お金を稼ぐことを通して私が学んだ教えだった。

九歳の時、私はとても大事な考え方を学んだ。それは自分の力で生き延びていくための方法の一つで、「交換」という考え方だ。金持ち父さんは私にこう言った。「何か価値のあるものと交換しようという積極的な気持ちがあるかぎり、きみはほしいものを何でも手に入れられる。」

私はこの言葉を「たくさん与えれば、たくさん得られる」と解釈した。あの時、コンビニエンスストアでただで働くのと交換に私が手に入れたのがこの教えだ。私は実際に働くことで、金持ち父さんに対し、お金について教えてくれるならそれと交換に喜んで働く気があることを示した。

公平な交換をするためには、自分がしようとしている仕事にどんな価値があるか知っておく必要がある。その際、注目しなければいけないのは給料ではなく、その仕事が与えてくれるチャンスだ。もらえる給料分の価値しかなかったら、それは割のいい交換とは言えない。稼ぐために仕事をする場合、あなたはある一定の時間を提供し、その時間に見合った（それ以下のこともあるが！）だけのお金をもらうのがふつうだ。一方、学ぶために仕事をする場合は、自分が提供する時間よりもっと価値のある大事なものを手に入れる。そのうえ給料ももらえる！

さあ、どちらが有利だろうか？

金持ち父さんのQ&A

Q　働きたくても、両親がだめだと言ったらどうしたらいいですか？

A　放課後働きたいと思っているのに、親がただ「だめだ」と言ったら、まずその理由を

聞こう。親が、学校の勉強をする時間が少なくなることを心配しているとしたら、その心配が根拠《こんきょ》のあるものかどうか、あなた自身が考え直してみる必要があるかもしれない。

学ぶために働きたいと本気で思っている人は、その気持ちを親によく説明しよう。あなたが本気だとわかれば、考えを変えてくれるかもしれない。たいていの親は子供が何かを学ぼうとするのを応援《おうえん》したいと思っている。それに、あなたが将来、従業員として安月給で働くのではなく、自分でビジネスを始めたいと固く決意していることがわかれば、強く反対している親も態度を変えるかもしれない。

使える時間をすべて学校の勉強につぎ込んでいい成績をとることが、将来成功するための準備として一番いいと思っている親は多いし、この考え方を変えさせるのはなかなかむずかしい。でも、あなたが革新的な考えを持ち、起業家精神に富んでいることを知れば、きっと、働きたいと思っている理由や、才能を活かすことの意味を理解し始めるだろう。そしてさらに、あなたのそういう前向きの姿勢をもっと育ててあげたい、応援してあげたいと思うようになるに違いない。

ビジネスアイディアを出す

若い人の多くは、たとえ十代半ばでもできる仕事がたくさんあることを知らない。十三歳、あるいはそれ以下でも、ベビーシッターや新聞配達をしたり、演劇やパフォーマンスで観客からお金をとったり、両親の仕事を手伝ったりと、できる仕事はいくらでもある。そして、ある年齢に達すれば、家業にかぎらず、他人にも雇ってもらえるし、食料品店や洋品店などの小売店、レストラン、映画館、野球場、遊園地、ガソリンスタンドなどでも働けるようになる。またもう少し大きくなれば、大人とほぼ同じように、ほとんどどんな場所でも働ける。（ただし、国や地域によっては制限がある。たとえばアメリカでは、爆弾《ばくだん》を作る、それを貯蔵庫に運ぶ、あるいは車を運転するといった、危険を伴《ともな》う仕事はだめだ。）

さあ、ここでもう一度、アイディアを思いつくままにどんどん出す「ブレインストーミング」をやってみよう。次にあげたのは、手始めにあなたがやってみることのできるビジネスの例だ。

□家庭教師をする。
□子供からお年寄りまで、すべての年齢層を対象にコンピュータの使い方を教える。
□近所のお年寄りのために本や雑誌を読んであげる。

□小さい子供のいる近所の家でベビーシッターをする。
□子供の誕生パーティで余興として手品を見せるマジシャンになる。
□車を洗う。
□ちょっとしたお使いや用事をする。
□荷物を届ける。
□旅行中に植物に水をやったり犬の散歩をする。
□服のサイズを直したり、ちょっと変わった服や子供の誕生パーティー用の服を作る。
□クリスマス前にツリーの飾《かざ》りつけをする。
□クリスマス後にツリーを片付ける。
□特別なロゴを入れた自家製Tシャツや一点物のジャケットを作る。
□個人秘書として働き、手紙をタイプしたり、調べ物をする。
□夏休み中、小さな子供を遊ばせるプレーグループやデイケアセンター、公共プールなどでフルタイムで働く。
□本格的な劇をやったり、ちょっとした喜劇をやったりして入場料をもらう。

これはほんの手始めだ。あなたはほかにどんなアイディアを思いつくだろうか？

あなたにできない仕事もある

仕事の種類によっては、ある年齢に達していないとできないものもあるので注意しよう。たとえばアメリカでは、十八歳未満の人は、運転免許を持っていても仕事で車を運転することはできないし、電気で動く重機の操作をしたり、はしごや足場に乗ってする仕事にも年齢制限がある。また、地域によっては火を使った料理ができないといった制限もあるので、仕事を始める前には、必ず青少年の労働に関する法律を細かくチェックしよう。そういった情報はインターネットで得られる場合もある。また、仕事の種類や、最低賃金、残業に関する規則、労働者に与えられる権利といったさまざまな情報も、あらかじめチェックしておくといい。（たとえば、労働時間の上限も法律で定められている。）

どこで仕事を探すか？

仕事を探し始めたあなたは、つねにチャンスに目をこらす「見張り番」になったのと同じだ。たとえば、ある日、洋品店で買い物をしてレジの前で長く待たされたとしよう。店長を見つけて、レジで働く人間がもう一人いてもいいのではないかと提案してみてはどうだろう？　人を雇う立場にある人の多くは、創造性に富み、自分から働きかけてくる、やる気のある人を雇いたいと思っている。この店の店長がそういうタイプの店長かどうかは、働きかけてみなけれ

ばわからない。このようにして働くきっかけを作ることで、いつかあなた自身が衣料品メーカーやブティックを経営する立場になるかもしれない。自分のビジネスを持っている人の多くは、会社や店でただの平社員、店員として働くことから始め、そこで業界のノウハウを学んだ人たちだ。

仕事を探す方法としては、ほかに次のようなものがある。

□家族や友達、近所の人、友達の親など、知っている人全員に、仕事はないか聞いて回ろう。
□学校や近所のスーパーマーケット、公共図書館などの掲示板《けいじばん》をチェックしよう。仕事場までの交通手段がない場合は、家から歩いていける距離《きょり》にあるものを探せばいい。
□自分がよく買い物する店に行って、仕事はないか聞こう。
□地元の商工会議所に行って、求人一覧をチェックしよう。商工会議所の中には、仕事を探す青少年を支援する活動をしているところもある。
□公共施設、青少年の団体、教会などの宗教関連施設に問い合わせよう。
□仕事の現場に出かけて、いろいろな人から話を聞こう。
□インターネットをチェックしよう。たとえばアメリカでは、青少年向けの仕事や研修制度を紹介したり、はじめて仕事をしようとしている青少年を支援する政府のサイトがある。
□新聞の求人欄をチェックしよう。

□職業紹介所に行ってみよう。

ここでぜひ言っておきたいことがある。確かに仕事のチャンスを探すのは楽しいし、チャレンジでもあるので胸が躍《おど》る。でも同時に、じゅうぶんな注意が必要だ。仕事場でたった一人になったり、夜遅くまで働かなければならない仕事はやらないようにしよう。仕事を探している時は、そのことを両親に言って、今どういう状況になっているか細かく報告しておこう。また、他人のためにお金を稼ぐことになるような仕事に近づかないようにすることも、忘れないようにしよう。

税金について調べよう

仕事をした場合のマイナス面は、これまで払う必要のなかった税金のことを考えなければならなくなることだ。これは学ぶために仕事をする場合でも同じだ。だが、幸いなことに、あなたの年齢なら、ふつうは記入しなければならない納税申告書はそれほど複雑ではない。

たいていの国では、年間の収入がある限度（アメリカの場合は七千ドル）を超えると、国に税金を払わなければならない仕組みになっている。つまり、毎年ある時期までに納税申告書を提出しなければならない。国税のほかに地方税を払わなければならなかったり、わずかでも給料をもらったら税金がかかることもあるので、仕事をすると決めたら、まず両親に相談して、

税法がどうなっているかきちんと調べよう。

仕事をして正式な給料を受け取る場合、そのうちのいくらかが健康保険料などの名目で差し引かれることがある。だから、時給五ドルで週に十時間働くという約束でも、週給として実際に受け取るのは五十ドル以下になるかもしれない。

ここまで読んで、「稼ぐため」にではなく「学ぶため」に働くと考えた方がずっといい理由がわかって来たのではないだろうか？　税金や保険料などのことを考えても、給料だけを頼りに大金持ちになろうとするのはとてもむずかしい。でも、少なくとも給料はプラスのキャッシュフローとなり、お金の流れを作り出してくれることは確かだ。

専門家に聞く／よき師となってくれる人を探す

金持ち父さんは私が大人になるまで、私の「よき師」だった。働くことについて学ぶ一番いい方法は、よき師となってくれる人、あなたが将来やってみたいと思う分野ですでに成功している人を探すことだ。そういう人が見つかったら、一回か二回、できれば何回か、仕事場につれて行ってもらおう。見習いとしてそこで働かせてもらうのもいい。

よき師はあなたの専属コーチのようなものだ。質問がある時にはいつでも聞きに行ける。

あなたがビジネスを始めようと決めたら、一番合っているビジネスを探す手伝いをしてくれるだろう。それだけでなく、顧客《こきゃく》に請求する料金、従業員に支払う給料などについても細かくアドバイスしてくれるかもしれない。このような実際的な助けもありがたいが、それよりもっとありがたいのは、あなたにやる気を起こさせる「お手本」となってくれることだ。

よき師はまた、あなたのことをつねに気にかけてくれる人でもある。定期的に連絡をくれて近況を聞き、あなたがやったことに対して率直な意見を聞かせてくれる。よき師になってくれるのは、親戚のだれかかもしれないし、友達のお兄さんやお姉さんかもしれない。あるいは、読むべき本を教えてくれたりして、特定のテーマについて学ぶのを助けてくれる学校の先生かもしれない。また、あなたに成功する見込みがあると信じて、仕事を仕込んでくれる上司かもしれない。

成功がだれの手も借りずに簡単に手に入るものだなどと言った人は、これまでに一人としていない。よき師を持つこと、あるいは他人からなんらかの助けを得ることは、恥《は》ずかしいことでも何でもない。実際のところ、人生で成功を収め、名の知られている人の多くにはよき師がいた。自分のことを信じてくれて、励《はげ》ましてくれるよき師、よき手本がなかったら、これらの有名人の多くも、今手にしている富や名声は手に入れられなかったに違いない。

今日から二、三日の間、知り合いで年上の人に出会ったら、今、彼らによき師がいるか、あるいは大人になるまでにそういう人がまわりにいたかどうか聞いてみよう。聞く相手は学校の先生、お兄さんやお姉さんの友達、おじさん、おばさん、両親など、だれでもいい。たいていの大人は、人生のどこかの時点でよい手本となり、刺激を与えてくれた人にまつわるすばらしい話を持っているものだ。あなたのまわりの大人に、そういう人とどうやって出会い、人間関係を築き上げたかを聞こう。そして、そこから学べる教えをあなた自身の人生に応用できないかどうか、考えてみよう。

第9章
資産を管理する

三つの貯金箱を持とう

さて、今あなたはすでに働いているか、仕事を探しているか、あるいは、まだお金を稼ぐことを考えているだけか、いずれかの状態にあるはずだ。いずれにしても、いつか仕事を始めてお金を稼いだら、そのお金をどこかに置いておく必要が出てくる。漫画や古い映画の中に出てくるように、マットレスの下にお金をしまっておくというのは、あまりよい考えとは言えないだろう。

そこで登場するのが貯金箱だ。あなたも小さい頃、ブタの形のものなどを持っていたかもしれない。小さな子供がお金を貯めるには、貯金箱はとてもいい方法だ。お金が増えるのを実感できるからだ。小銭がいつのまにか貯まって、風船ガムなど小さな子供が買いたいものがいろいろ買えるようになる。

もう大人に近いあなたは、タンスの上でほこりをかぶっている貯金箱なんか、小さい子供のおもちゃだと思っているかもしれない。でも、もしかすると、お金を貯めることについては小さい子供の頃の方がずっと賢《かしこ》かったのではないだろうか？

金持ち父さんは私に、いくつになっても貯金箱を持つべきだと教えてくれた。それも、一つだけではない。目的の違う三つの貯金箱を持つように勧めた。

第一の貯金箱はチャリティー（慈善《じぜん》）用

金持ちでいることのすばらしい点の一つは、他人を手助けできることだ。今に始まったことではなく昔からだが、世界でトップレベルの金持ちの多くは寄付をしている。本当の金持ちになるためには、もらうだけでなく与えることができるようになる必要がある。お金を寄付することは、世の中の間違いを正すのに役に立つ最良の方法の一つだ。

何か問題に気がついた時、その問題を正して世界をよりよい場所にしようと努力している活動や団体に、自分のお金を寄付できるというのはすばらしいことだ。自分のために物を買うのもすてきなことだが、他人のためにお金を寄付するのは、世の中で一番気分のいいことだ。少しでもいいからやってみよう！　そうすればお金の本当の力がどんなものか、わかるだろう。

寄付するチャンスはたくさんある。応援したい活動を見つけるには、テレビやラジオの公共広告を注意して見たり聞いたり、困っている人たちを助ける基金やチャリティーに関する新聞

記事を読んだりすればいい。アメリカのニューヨークタイムズ紙には、「最も困っている人々」というコラムがあり、苦境にある人々の様子を伝えるとともに、そのような人たちを助けるためのお金を集める慈善事業団体を紹介している。あなたが読んでいる新聞にも、同じようなコラムがあるかもしれないので、チェックしてみよう。

インターネットで探すのも一つの方法だ。あなたの好きな有名人や作家が、寄付を目的とした団体を持っているかもしれない。そういうところに協力すれば、大好きなタレントとのつながりを感じたり、楽しい読書の時間を与えてくれた作家に感謝の気持ちを表すとてもいい方法にもなる。

実際に寄付のためのお金を送る時になったら、両親に自分がしようとしていることを話そう。世の中の人はみんな正直者だと信じたいところだが、中には、慈善のための募金《ぼきん》を集めるふりをしながら、お金を自分のものにしてしまうペテン師もたまにいる。両親はその団体がきちんと許可を受けたものかどうかを確かめるのを手伝ってくれるだろう。

寄付金を送る時は銀行口座へ振り込んだり、郵便為替《ゆうびんかわせ》で送ろう。これらの方法は安全性も高いし、記録も残る。寄付の中には税控除《ぜいこうじょ》の対象になるものもある。だから、寄付をすればするほど、所得にかかる税金が減ることもある。

第二の貯金箱は貯蓄用

金持ち父さんに言われて私が用意した二つ目の貯金箱は、お金を貯めておくためのものだった。金持ち父さんは、つねに一年分の支出をまかなうのにじゅうぶんなお金を持っていることが大事だと思っていた。支出の多い今の時代は、金持ち父さんのこの考えに従うのはむずかしいかもしれないが、貯金というバックアップ、いざという時のために手をつけずにしまっておくお金を持つことの大切さは変わらない。この貯金箱は、万が一の時の保障だ。

でも、この貯金箱の中にいくらかお金を入れておくことは確かに大事だが、支出を差し引いたあとの収入の「すべて」をこの貯金箱に入れるのがいいというわけではない。その理由はこうだ——

ほとんどの預金口座には利子がつく。つまり、預金総額の何パーセントかが利子として銀行から支払われる。こうして銀行は、あなたがお金を預けたままにしておくようにしむけている。そうすれば、あなたの代わりにお金を使えるからだ。毎月、何もしなくても預金残高が増えるのは、すばらしいことに思えるかもしれない。でも、実際のところ、利子はふつうはたいした金額にならない。本当の成果を得たかったら、他人の資産ではなく、自分の資産にお金を投入しなければいけない。

銀行へ行こう

放課後に近所の銀行に行ってみよう。（どこに行くか両親に言うのを忘れないこと。両親といっしょに行ってもいい。）

銀行に着いたら、顧客サービス担当の人をさがそう。そして、銀行口座の種類の違い、それぞれの預金の利率などを教えてもらい、次に、あなたが何をしたいか伝えよう。お金をいくらか持っていて何年間か預けておきたいとか、必要な時にいつでもお金を引き出せる口座にしたいといった希望を伝えよう。銀行にはあらゆるニーズに対応する、さまざまな口座がある。

話を聞いたあと、銀行のパンフレットを家に持ち帰って、銀行口座の違いや開設のしかたについてよく読もう。読む時には、次のようなポイントに注意するといい。

□最低残高が必要なのはどの口座か？
□金利が高いのはどの口座か？
□必要な時にいつでもお金を引き出せるのはどの口座か？

第三の貯金箱は投資用

私が用意した三つ目の貯金箱は投資用で、リスクをとりながら学習したり、資産を買ったり築いたりするためのものだった。私は九歳の頃、このお金を使って投資を始め、その後は、珍《めずら》しいコインや株式、不動産に投資してきた。ここまで読んできたあなたにはもうわかると思うが、この第三の貯金箱こそ、金持ち父さんが私に、一番力を入れろと教えたものだった。ほとんどの人は、第二の貯金箱に一番力を入れるべきだと思っている。でも、たいていの場合、投資の方が預金口座よりも多くのお金を生むから、富を築くには第三の貯金箱に力を入れた方がいい。金持ち父さんにはそのことがわかっていたのだ。

金持ち父さんのQ&A

Q　貯金箱なんて、小さい子供のためのものじゃないんですか?

A　確かに、三つの貯金箱を使うやり方がかなり子供っぽく聞こえるのは私も認めるが、本当はこれは非常に高度な方法だ。私は今でも三つの貯金箱を持っている。目に入るたびに金持ち父さんの教えを思い出させてくれるので、とても効果的だ。貯金箱は、

お金を貯めて賢く投資したらどうなるか、つまりそうすればお金が増えるということを、目に見える形で見せてくれる。

お金は、いろいろなすばらしいことをするチャンスを与えてくれる。ファイナンシャル・インテリジェンスがあれば、あなたは働いてもいいし、働かなくてもいい状態になれる。ほしいものは値段を気にせずに何でも買えるし、あなたが大事だと思う慈善事業や活動にお金を寄付することもできる。反対にお金があっても、ファイナンシャル・インテリジェンスがなければ、お金はすぐになくなってしまう。

一億円あったら何をする?

以前アメリカで『ザ・ミリオネア（億万長者）』というテレビ番組があった。毎回、一人の男の人が小切手を持って見ず知らずの人の家を訪ねるところから始まり、お金を受け取った人たちがその後どうするかを追跡《ついせき》して放映するという番組だ。よくばりな人や、感情にまかせてお金を使ってしまう人は、あっというまにお金をなくしてしまった。お金の力をもっとよく知っている人は、自分のことばかり考えずに寄付をしたり、自分の「貯金

箱」に振り分けたりしてじょうずに使った。

あなたがもし億万長者で、一億円をだれかにあげるとしたら、友人や家族のうちだれにあげるだろうか？　お金を受け取った人たちはどんな反応をするだろうか？　どんなふうに使うだろうか？　あなた自身がもらったとしたら、どうするだろうか？　三つの貯金箱にどのような割合で入れるだろうか？

「金《かね》のなる木」を育てよう

小さい頃、本のさし絵などで、じょうろを持った子供が「金のなる木」に水をやっている絵を見たことはないだろうか？　あの絵は、きちんと世話をすればお金が増えることを子供たちにやさしく教えるためのものなのだと思う。では、「お金の世話をする」とは、どういうことなのだろうか？

三つの貯金箱について学んだばかりのあなたは、お金を貯めさえすればいいんだろう？　でも、そんなことをして何がおもしろいんだ！　と思っているかもしれない。大丈夫。心配は無用だ。貯金箱にお金を貯めるのは、金のなる木を育てる方法の一部にすぎない。この木を育てるには、それとは別に、一見正反対に見えることをする必要がある。つまりお金を動かし続けることだ。貯めるよりこっちの方が大事だし、ずっと楽しい。三つの貯金箱にお金が貯まった

ら、次にはいいことが待っている！

投資から得られる利益

金持ち父さんはよく「貯金する人は負ける」と言っていたが、お金を貯めることがいけないという意味でそう言っていたわけではない。貯金することには限界があることを、私たちにわかってほしかったのだ。

例を一つあげよう。アパートを一棟買って、部屋を貸すことにしたとする。私は自分の貯金から一万ドル引き出して頭金にして十万ドルの建物を買い、建物を担保《たんぽ》にした貸付を銀行から受ける。つまり、建物の代金の残り（九万ドル）を銀行から借り、借りたお金と、あらかじめ決められた利子を銀行に少しずつ返す。それから一年後、家賃収入から銀行への返済、税金、改修費などの支出を差し引いた残金で、私がはじめに頭金として支払った一万ドルがそっくり取り戻せたとする。次に私は、その一万ドルを使って、別の不動産、ビジネスや株式などに投資する。金持ち父さんの言葉を借りるなら、私のお金はごく短期間で「戻ってきた」ことになる。投資から得られる利益を投資総額で割ったＲＯＩ《アールオーアイ》（投資収益率《とうししゅうえきりつ》）は百パーセントだ。そして、その後も私は建物を所有し、家賃を受け取り続けるが、はじめにつぎ込んだお金はすべて取り戻しているから、投資総額はゼロ、つまり一年後からの投資収益率は無限大ということになる！　もし最初の一万ドルを貯金したままにしておいたら、お金はわずかな利子以外には何

の利益も生み出していなかっただろう。

まず自分に支払う

今の例を三つの貯金箱の話と結びつけて考えてみよう。私は、最初にアパートを買うのに必要なお金を第二の貯金箱から出した。投資をしていくらかお金を稼いだらすぐに、まずその貯金箱にお金を返す。これが「まず自分に支払う」という考え方だ。これを最初に取り上げたのは、ジョージ・クレイソンという人が書いた『バビロンの大富豪《だいふごう》』という本だ。

次の財務諸表を見てみよう。

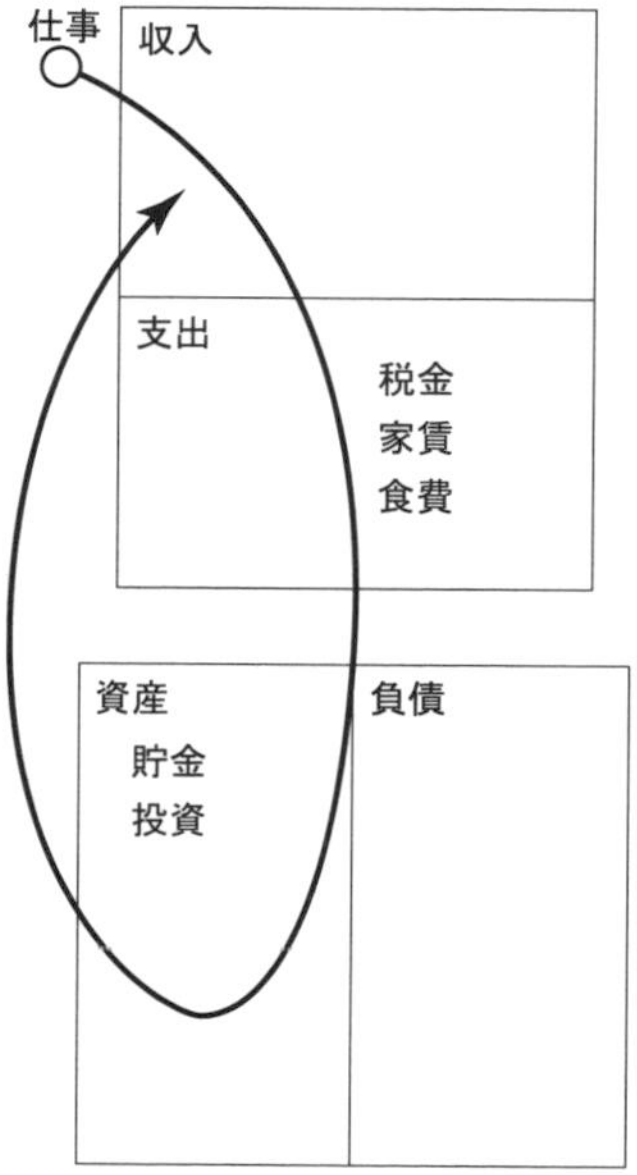

図⑥　まず自分に支払う

これは、まず自分に支払うことを実践した一人の女性の財務諸表だ。この人は毎月、住宅ロ

ーンや学校の授業料などを含む生活費を支払う前に、収入から資産へお金を入れる。少しお金が足りなくても、まず自分に支払うし、貯金に手をつけたりもしない。だからこそ、こういう人は足りない分をどうしたらいいか、真剣に考えるようになる。

次の章では借金について話をする。矛盾しているように聞こえるかもしれないが、「いい借金」をすることは可能だ。そのことを学ぼう。

あなたはもう金持ちになったか?

第一章の最後で、小さな紙を一枚、しおり代わりにこの本にはさみ、金持ちになる旅の進みぐあいを測るめやすにするようにお願いした。あなたはどれぐらい遠くまで歩いてきただろう?　ここでちょっと時間をとって、これまでにどんな変化があったか振り返り、それについて感じたことを「金持ち父さん日記」に書こう。前より使うお金が減っただろうか?　あるいは、少なくとも自分のお金の使い方に前より注意を向けるようになっただろうか?　「お金に対する考え方を変えれば、経済的自由へ続く道に第一歩を踏み出せる」と、前より強く実感できるようになっただろうか?

第10章 借金を管理する

いい借金と悪い借金

この章のタイトルを読んで、借金から「抜け出す」のではなく借金を「管理する」ことが、なぜ金持ちになるための重要な教えになるのかと不思議に思った人もいるかもしれない。私も昔は、借金のことが金持ちにわかるはずがないとか、「金持ち」と「借金」という言葉は一つの文の中でいっしょに使われるはずはないとか、あるいは、一人の人間が金持ちであると同時に借金をしているなどということはありえないと思っていた。

私の貧乏父さんは、借金から抜け出すために一生せっせと働いた。一方、金持ち父さんは、借金をするためにせっせと働いた。「金持ちになりたかったら、いい借金と悪い借金の違いを知らなければならない。」金持ち父さんはよくそう言っていた。

クレジットカードの基本

誕生日のお祝いに現金をもらったら、まず何をするだろうか？　外出してお金を使う？　もしかしたらそんなことを考えたかもしれない。「象」という言葉を思い浮かべるなと言われるとどうしても象を思い浮かべてしまうというのと同じだ。そうするなと言われると、そうしないでいることが一層むずかしくなる。あることについて考えるなと言われたとたん、それはあなたの頭の中に飛び込んできて、どうしても出て行かない。お金を使うなと言われた時も、同じような反応が起こる。

もしあなたが、むだ使いをする誘惑に勝てないタイプ、あるいは、財布にあるお金を使わないでおくことができないタイプの人間だとしたら、クレジットカードを持つようになったら、お金をしっかりつかまえておくのは今よりもっとむずかしくなる。現金なら、硬貨や紙幣が目に見える。レジで財布からお金を取り出して数え、品物の代金を支払い、おつりを受け取らなければならない。クレジットカードの場合は、取り出すのはプラスチックのカード一枚で、それをレジの人や、カウンターの向こうのだれかに手渡すか、カードを読む機械に自分でさっと通してサインするだけだ。たったそれだけ！　あまりに簡単で、何かを買って支払をしたこともほとんど実感できない。だからこそ、注意しないと大変なことになりかねない。

悪循環《あくじゅんかん》のしくみ

クレジットカードを持つことで厄介《やっかい》な問題が起こるとしたら、それはどんなふうにして起こるのだろうか？

まず最初は、「初年度は金利手数料がお得です」などといった宣伝文句とともに、クレジットカードが郵便で送られてくる。この魔法のプラスチックの板があれば、お金がなくても物が買える。好きなもの何でもだ。クレジットカードは、振ればお金が出てくる魔法の杖のようなものだ。ただし、その魔法の効き目は請求書が送られてきたとたんに消える。実際のところ、大喜びで買ったと思ったらあっというまに月末が来て、支払明細書が送られてくる。買った日付と品物の金額がきれいに並んだこの紙が届いた瞬間から、状況はどんどん悪化し始める。

クレジットカードの明細書には、支払額と支払日が書かれている。そこには、支払総額のほかに、一カ月の最低支払額も示されている。うーん、十ドルならたいしたことはないな……とあなたは考える。よし、最低支払額だけ払い続けよう。そうしていつか支払い終えればいいさ。

こんなふうに、決められた最低支払額だけを支払う方法（リボルビング払いなどと呼ばれる）で借金を返そうとすると、買ったものが何であれ、支払が終わる前にこわれてしまうか、流行遅れになってしまう可能性がひじょうに高い。それに、たいていは、とても高い利率という「ツケ」が回ってくる。知らない人のために言っておくと、この場合、借りている合計額、

つまり未払い残高に対し、一定の割合で、毎月、あなたの請求書に利子が「加算される」。つまり、たとえ何も買わなくても、請求書の金額が毎月増えていくということだ。これは、負債でしかない「おもちゃ」を買うためにお金を使うよりもひどい。お金をどぶに捨てるようなものだ。

たとえば、薄型《うすがた》テレビを二千ドルで買い、最低支払額だけを支払う方法で、長い時間をかけて借金を返済するとしよう。クレジットカードの利率が年十八パーセントだとすると、借金を全部返すのに三十年以上かかるかもしれない！

手がつけられない状態になる前に、クレジットカードの使い方をしっかり管理しよう。今それができなければ、年をとればとるほどむずかしくなる。自制心は今から身につけるのがいい。今度、友達と買い物に行くことがあったら、二、三カ月で流行遅れになるようなもののためにお金をむだ使いしないで、ウインドーショッピングをするだけにしよう。そして、どうしてもクレジットカードで買わなければならなかった時は、毎回、全額支払うようにしよう。

クレジットカードは、最悪の悪夢になるおそれもあるが、かならずそうなると決まったわけではない。実際、上手に使えば——つまり、きちんと支払をすれば——銀行などからお金を借りる際に判断の基準になる「個人の信用格付け」を高めるすばらしいチャンスになる。これは、この先あなたが、不動産など、不労所得をもたらす資産を買うためにお金を借りる必要が出てきた時に役に立つ。また、きちんとした明細を送ってきてくれるクレジットカードは、お金の

使い道を記録する手助けにもなる。

運命を決めるのは自分自身

私はよくこんな話をする――たとえわずかでもお金を手に入れた人は、それと同時に自分の運命を決める力を手にする。

あなたもその力を持っている。手に入ったお金を使って、将来金持ちになるか、それとも貧乏になるか？　それを決めるのはあなただ。何も考えずにお金を使えば貧乏になる。負債ばかり買い続ければ、いつまでたっても中流のままだ。資産を手に入れる方法を学ぼう。それは、将来の目標として豊かな暮らしを選ぶことを意味する。どの道を選ぶかは、あなた次第だ。毎日、少しでもお金を受け取るたびに、そして少しでもお金を使うたびに、あなたは道を選択している。これはとても大きな責任のある選択だ。それを任されているなんてすごいことだ。将来の経済状態はあなたの手の中にある！

おわりに

有利なスタートを切る

一九九〇年、親友のマイクは父親の「帝国」を引き継《つ》いだ。そして、今は、父親をもしのぐビジネスの腕を発揮しながら、かつて彼の父親が私たちを教育したのと同じように、自分の息子を跡取《あとと》りとして教育している。九歳の時から、お金を稼ぐためではなく「学ぶために」働き続けてきたおかげで、マイクはファイナンシャル・インテリジェンスを身につけた。世の中には、幸運もお金も自分で作り出したという人がいるが、彼はそういう人たちの一人だ。人生が自分に与えてくれたものを受け取り、それをよりよいものにした。

私と妻のキムは一九九四年に引退した。私が四十七歳、キムは三十七歳の時だった。引退というのは、働かないことを意味するのではない。働くのも働かないのも自由だし、いずれにしても、財産が自動的に増えていく。つまり、資産が勝手に増えていくというのが、私たちの言う引退の意味だ。これはちょうど、金《かね》のなる木を植えたようなものだ。何年もの間、水をやり、世話をしたおかげで、金のなる木はもう私たちを必要としなくなった。地中にじゅうぶん深く

根を張っているからだ。そして今、その木は木陰《こかげ》を作って私たちを快適にしてくれている。

もっと若かった頃の私は、金持ち父さんが言っていたことをすべて理解していたわけではなかった。いい先生というのは、たいていその言葉のありがたみがあとになってわかり、その後長い間、私たちはそこから何かを学び続ける。金持ち父さんの言葉もそうだった。彼の言葉と教えは、今も私とともにある。

賢く選ぼう

今、私があなたに贈《おく》りたいアドバイスはあと一つだけだ。それは、友達や「よき師」を選ぶ時に、賢い選択をすることだ。だれからアドバイスをもらうか、じゅうぶん気をつけよう。どこかへ行きたいなら、すでにそこへ行ったことのある人を見つけて話を聞くのが一番いい。

たとえば、来年エベレストに登ろうと決心したとしよう。あたりまえの話だが、あなたがアドバイスを求めるべき相手はすでにエベレストに登ったことがある人だ。ところが、お金に関することとなると、たいていの人は、お金のことで困っている人にアドバイスを求める。

金持ち父さんはいつも、コーチやよき師を持ちなさいと私に勧め、口ぐせのようにこう言っていた。「プロにはコーチがついている。アマチュアにはいない。」

私はゴルフをやり、レッスンも受けているが、フルタイムのコーチは雇っていない。私がゴルフでお金を稼ぐのではなくお金を払ってゴルフをやっているのは、おそらくそのせいだろう。

一方、ビジネスや投資の「ゲーム」では、数人のコーチがついている。それは、私がこれらのゲームでお金をもらっているからだ。

だから、よき師を賢く選ぶようにしよう。これは人生で成功を収めるためにあなたにできることの中で、最も大事なことの一つだ。もう一つ、あなたにできる大事なことは、友人を賢く選ぶことだ。

未来が見える

「金持ち父さん日記」を取り出し、あなたがいっしょに過ごす時間が一番長い人を六人書き出そう。選ぶ基準は、「近い関係にあるかどうか」ではなく、「いっしょに過ごす時間が長いかどうか」だ。（六人の名前が書けるまで、この先は読まないようにしよう。）

十五年くらい前、私はあるセミナーに参加した。その時の講師が、今、私があなたに言ったのとまったく同じことをするように参加者に言った。私は六人の名前を紙に書いた。講師はそこに書いた名前をよく見るようにみんなに言ったあと、次のように告げた。「今あなたは自分の未来を見ています。いっしょにいる時間が一番長いその六人が、あなたの未来の姿です。」

いっしょに過ごす時間が最も長い六人は、個人的な友人であるとはかぎらない。先生や家族、あるいはよく顔を出す場所で会う人かもしれない。講師の言葉を聞き、そのリストに隠《かく》された深い意味を考え始めると、いろいろなことがわかってきた。たとえば、自分の中で好きなところがよくわかったし、きらいなところについてはもっとよくわかった。

次に講師は、部屋の中を移動してほかの参加者と自分のリストについて話し合うように言った。その指示に従い、ほかの人たちと話し合ったり、意見を聞いたりしているうちに、自分に何らかの変化が必要だということがわかってきた。

この作業は、今、多くの時間をいっしょに過ごしている人があなたにふさわしいとか、ふさわしくないとか判断するためのものではない。ただ、あなたがどこへ行くつもりなのか、自分の人生をどう生きているのかがわかるというだけのことだ。

リストを作ってから十五年ほどたった今、そこに名前のあった人は一人を除いてすべて入れ替わっている。前のリストにあった残りの五人は、今でも私の親しい友人だが、ほとんど会うことはなくなった。彼らはみんなすばらしい人たちで、それぞれに自分の人生に満足している。私が変わったのは、私の個人的な事情にすぎない。私は自分の未来を変えたかった。未来をじょうずに変えるには、考え方を変えなければならなかった。その結果、いっしょに過ごす人たちも変わった。あなたも自分の夢や目標を理解し、尊重《そんちょう》してくれる人たちといっしょに時間を過ごすようにしよう。もっといいのは、理解してくれるだけで

なく、同じような夢や目標を持っている人とつきあうことだ！

二人の父親から得たもの

私の父親は二人ともとても気前のいい人だった。どちらも、まず人に与えることを習慣にしていた。彼らにとって、教えるのは何かを人に与える方法の一つだった。二人は、与えれば与えるほど、多くのものを受け取った。ある意味で、私は大人になって両方の父親のあとを継いだと言えるだろう。私の中には、お金の世界でのゲームを愛し、それに勝ち抜こうとする資本主義者の部分があるが、その一方で、持てる者と持たざる者との格差がどんどん広がることを心配する、社会的責任を負った教師の部分も持っている。

しっかりした土台

マイクと私は幼い頃に、土台となるしっかりした知識を与えられた。私たちは、最も大きな力を持った資産が自分の頭脳であることを学んだ。投資のチャンスを見つけられるように頭脳を鍛えれば、短い時間で大きな富を築くことができる。マイクと私は、この教えを幼い子供の頃に学んだ。大人になった私たちは今も、この頑丈《がんじょう》な土台の上にいろいろなものを築き続けている。金持ち父さんが私たちに教えてくれたことは今も応用可能だ。この本が同じようにあな

たの役に立てればいいと願っている。金持ち父さんが私にとっていい教師であったように、私もあなたにとっていい教師となることができれば幸いだ。

私の願いは、あなたがより高いファイナンシャル・リテラシーを身につけ、自分の人生で本当にやりたいことを選べるようになることだ。本当にやりたいことは何でもいい。大きなレコード会社を経営することでも、不動産を所有することでも、森林監視員《かんしいん》になることでも、ビジネスを築くことでもいい。お金の面で自分の面倒《めんどう》をどう見たらよいかわかっていれば、ほかの人の面倒も見てあげることができる。慈善事業にお金を寄付したり、友人や家族にほしいものを買ってあげることもできる。そういったことは、あなたがより充実した、豊かな人生を送るのにきっと役に立つだろう。

この本を読んでくれてありがとう。

ロバート・キヨサキ

シャロン・レクターから一言——あなたは最高！

あなたの夢が何であれ、その夢の実現は可能です。ファイナンシャル教育の基本を身につけた今のあなたは、将来自分が金銭的にどういう状態になりたいか、自由に選択することができます。

自分に問いかけてみてください——今、うまくスタートを切るために、どんなことをしようと思っていますか？　そして、答えを聞かせてください。あなたの夢を書いて、私たちのところへ送ってください。

ロバートと私はあなたに一つの課題を出しました。自分の殻《から》を破り、大きく成長して、いままでになかったようなおもしろいやり方で富を築くチャンスを見つけることです。この課題にチャレンジしたら、どんなことをやったか私たちに聞かせてください。

この本を通じて、あなたは私たちといっしょに旅を始めました。本を読んで、ウェブサイトにも行ってみたかもしれませんね。キャッシュフローゲームをまだやったことのない人は、ぜ

ひやってみてください。そして、あなたが今どこへ向かって、どんな旅をしているか、私たちに聞かせてください。

この本を読んでくださってありがとうございます。お便りをお待ちしています。

シャロン・レクター

お便りは、contact@richdad-jp.com あてに電子メールで、または筑摩《ちくま》書房《しょぼう》あてに読者カードかお手紙でお願いします。

用語集

頭金《あたまきん》……投資家が投資対象を買うために最初に支払う購入代金の一部。残りは銀行ローンなどほかの方法で資金調達する。

ROI《アールオーアイ》……投資収益率。金持ち父さんは、ROIを、収入をもたらすために働いてくれるものに対して、実際に支払った資金の何パーセントが収益として戻ってくるかを表すものと考えていた。たとえば、アパート一棟の価格が五十万ドルで、あなたが頭金として十万ドル支払い、この物件から毎月二千ドルのキャッシュフローがあるとすると、ROIは、$2,000（一カ月の収益）×12（一年）÷$100,000（投下資本）＝24％となる。

キャッシュフロー……（収入として）入ってくる現金と、（支出として）出て行く現金。会計上の「もの」はキャッシュフローの方向によって、それが収入、支出、資産、負債のいずれかが決まる。

資産《しさん》……実際に働くのは最小限で、定期的に「あなたのポケット」にお金を入れてくれるもの。

資《し》本《ほん》……現金、あるいは、価値について合意ができているもの。ビジネスの中で所有されたり使用されたりするお金や財産。

損益計算書《そんえきけいさんしょ》……一定期間における、収入と支出の状態を示す会計報告書。

貸借対照表《たいしゃくたいしょうひょう》……資産と負債のスナップ写真のようなもの。その時の経済状態の全体像を教えてくれる。

担保《たんぽ》（抵当《ていとう》、モーゲージ）……借入金返済の保証。不動産を買うために融資《ゆうし》を受ける場合、その物件はあなたが借りるお金に対する担保として使われる。借入金を返済できない場合、担保はお金を貸した人のものとなる。

投資《とうし》信託《しんたく》……いろいろな株式、債券、証券をまとめたもの。専門の投資会社が管理・運用し、個人投資家はそれを株式のように分割したものを購入する。投資信託を買っても、その投資信託に含まれる個々の会社を直接に所有することにはならない。

ビジネス……利益をあげる意図を持って製品やサービスを売ったり買ったりするシステム。

負《ふ》債《さい》……「あなたのポケット」からお金をとっていくもの。

不《ふ》労所得《ろうしょとく》……利子や配当、不動産の賃料など、最小限の労力で投資から生み出される収入。

著者・訳者紹介

ロバート・キヨサキ
Robert Kiyosaki

ロバート・キヨサキは投資家、起業家であると同時に、教育家、著述家でもある。

ロバートは日系四世としてハワイで生まれ育った。ニューヨークの大学を卒業後、海兵隊に入隊し、士官となって、戦闘用ヘリコプターのパイロットとしてベトナムで戦った。帰還後はしばらくゼロックス社でセールスマンとして働いた。一九七七年、ナイロンとベルクロを使った「サーファー用財布」を考案して発売し、成功をおさめた。一九八五年に、ビジネスと投資を教える国際的な教育会社を設立した。

一九九四年にビジネスを売却、四十七歳で引退し、投資に専念することにした。この短い引退生活の間に書いた『金持ち父さん 貧乏父さん』は世界的ベストセラーとなった。「金持ち父さんシリーズ」はこれまでに十冊出され、ほとんどがニューヨークタイムズ、ウォールストリートジャーナル、ビジネスウィーク、USAトゥデイといった新聞や雑誌のベストセラーリストに登場している。

ロバートはまた、金持ち父さんから学んだお金と投資に関する戦略を伝える教育用ボードゲーム『キャッシュフロー101』を作った。このゲームは、彼が四十七歳で引退するのを可能にした戦略を教えてくれる。今では世界中に「キャッシュフロークラブ」が生まれ、何千人もの人が定期的に集まって『キャッシュフロー101』をやっている。ゲームの電子版が出ると、世界中の金持ち父さんファンが同時にゲームをやりながら学ぶことができるようになった。上級版の『キャッシュフロー202』もボードゲームと電子版で、人気を得ている。

ロバートはこう言う。「私たちは学校に行き、お金のために一生懸命に働くことを学ぶ。私は本やゲームを通して、お金を自分のために働かせる方法をみんなに教えたいと思っている。この方法を学べば、私たちが生きるこの世界のすばらしさを思いきり楽しめるようになる」

シャロン・レクター
Sharon Lechter

シャロン・レクターは公認会計士であり、また、金持ち父さんシリーズの共著者で、リッチダッド・カンパニーのCEOでもある。

シャロンはフロリダ州立大学で会計学を専攻し、優秀な成績で卒業後、クーパーズ&ライブランド会計事務所で働き始めた。その後、公認会計士としての腕を活かしながら、コンピュータ、保険、出版関連企業で管理職を務めた。

三人の子供の母となったシャロンは、教育に積極的に関わるようになり、子供たちの通う学校で指導的な立場に立って活躍した。とくに、数学、コンピュータ、読み書きといった教育分野で積極的に発言するようになった。一九八九年、世界初の電子ブックの開発に携わり、製品を国際的な市場へと広げるのに貢献した。今も子供の教育のために、「革新的でチャレンジ精神を刺激し、しかも楽しい」新技術を開発しようと活躍している。

「現在の教育システムは、今、世界が経験しているグローバルな変化やテクノロジーの変化についてきていません」とシャロンは言う。「私たちは若い人たちに、この世界で生き延びるためだけでなく、豊かに成長するために必要な技術——学問的技術と、お金の面での技術の両方——を教える必要があります」

熱心な慈善家であるシャロンは、ボランティア活動と寄付活動を通して、「社会への還元」に努めている。子供たちの幸せや女性起業家のために努力するともに、教育の大切さ、ファイナンシャル・リテラシーの必要性を説く活動家でもある。

リッチダッド・カンパニー

ロバートとキム・キヨサキ、シャロン・レクターが中心となって設立。お金について教えるための画期的な教材を作り出している。これまでに『金持ち父さん　貧乏父さん』をはじめとする書籍、『キャッシュフロー一〇一』などのゲーム、学習用テープなどを製作し、お金と投資についての考え方を広く紹介している。この会社は「人々のお金に関する幸福度を向上させること」を目指している。

ファイナンシャル・リテラシーのための財団

金持ち父さんシリーズの書籍や商品の好調な売行きをうけ、ファイナンシャル教育をサポートするために、一九九九年にロバートとキムとシャロンが非営利団体として創立した。勤労所得を不労所得とポートフォリオ所得に変える方法を人々に教えることを目的としたプログラムや団体をサポートするもので、これまでに個人、および企業の寄付を通して、数多くの助成金を交付している。

http://www.ffliteracy.org

白根美保子
Mihoko Shirane

翻訳家。早稲田大学商学部卒業。訳書に『ボルネオの奥地へ』（めるくまーる）、『死別の悲しみを癒すアドバイスブック』『金持ち父さん　貧乏父さん』（いずれも筑摩書房）、『ハーバード医学部』『ロジャー・マグネット流サクセス・アドベンチャー』（いずれも三修社）、『悲しみがやさしくなるとき』（共訳・東京書籍）などがある。

ロバート・キヨサキの著作

●「金持ち父さん　貧乏父さん——アメリカの金持ちが教えてくれるお金の哲学」ロバート・キヨサキ、シャロン・レクター著／白根美保子訳／筑摩書房

●「金持ち父さんのキャッシュフロー・クワドラント——経済的自由があなたのものになる」ロバート・キヨサキ、シャロン・レクター著／白根美保子訳／筑摩書房

●「金持ち父さんの投資ガイド　入門編——投資力をつける16のレッスン」「金持ち父さんの投資ガイド　上級編——起業家精神から富が生まれる」ロバート・キヨサキ、シャロン・レクター著／白根美保子訳／林康史、今尾金久協力／筑摩書房

●「金持ち父さんの子供はみんな天才——親だからできるお金の教育」ロバート・キヨサキ、シャロン・レクター著／白根美保子訳／筑摩書房

●「金持ち父さんの若くして豊かに引退する方法」ロバート・キヨサキ、シャロン・レクター著／白根美保子訳／筑摩書房

●「金持ち父さんの予言——嵐の時代を乗り切るための方舟の造り方」ロバート・キヨサキ、シャロン・レクター著／白根美保子訳／筑摩書房

●「金持ち父さんのサクセス・ストーリーズ——金持ち父さんに学んだ25人の成功者たち」ロバート・キヨサキ、シャロン・レクター著／春日井晶子訳／筑摩書房

●「金持ち父さんの金持ちになるガイドブック——悪い借金を良い借金に変えよう」ロバート・キヨサキ、シャロン・レクター著／白根美保子訳／筑摩書房

●「金持ち父さんのパワー投資術——お金を加速させて金持ちになる」ロバート・キヨサキ、シャロン・レクター著／白根美保子訳／筑摩書房

●「金持ち父さんの学校では教えてくれないお金の秘密」ロバート・キヨサキ、シャロン・レクター著／白根美保子訳／筑摩書房

●"Rich Dad's Escape from the Rat Race——How To Become A Rich Kid By Following Rich Dad's Advice"

●"Rich Dad's Before You Quit Your Job——Ten Real-Life Lessons Every Entrepreneur Should Know About Building a Multimillion-Dollar Business"

●「人助けが好きなあなたに贈る金持ち父さんのビジネススクール——ネットワークビジネスから学ぶ8つの価値」マイクロマガジン社

金持ち父さんのアドバイザーシリーズ

●「セールスドッグ——『攻撃型』営業マンでなくても成功できる！」ブレア・シンガー著／まえがき・ロバート・キヨサキ／春日井晶子訳／筑摩書房

●"Protecting Your #1 Asset: Creating Fortunes from Your Ideas Handbook" by Michael Lechter

●"Own Your Own Corporation" by Garrett Sutton

●"How to Buy and Sell a Business" by Garrett Sutton

●"The ABC's of Building a Business Team That Wins" by Blair Singer

●"The ABC's of Writing Winning Business Plans" by Garrett Sutton

●"The ABC's of Real Estate Investing" by Ken McElroy

●"The ABC's of Getting Out of Debt" by Garrett Sutton

●"OPM: Other People's Money" by Michael Lechter

オーディオビジュアル（日本語版）

●「ロバート・キヨサキ　ライブトーク・イン・ジャパン」ソフトバンクパブリッシング（DVD）

●「金持ち父さんのパーフェクトビジネス」マイクロマガジン社

金持《かねも》ち父《とう》さんの学校《がっこう》では教《おし》えてくれないお金《かね》の秘密《ひみつ》

二〇〇六年三月二五日　初版第一刷発行
二〇〇七年五月一五日　初版第四刷発行

著者　ロバート・キヨサキ
　　　シャロン・レクター
訳者　白根美保子（しらね・みほこ）
発行者　菊池明郎
発行所　筑摩書房
東京都台東区蔵前二―五―三　〒一一一―八七五五　振替〇〇一六〇―八―四一二三
装丁　岡田和子
印刷　中央精版印刷
製本　中央精版印刷
ISBN4-480-86369-9 C0033
〒三三一―八五〇七　さいたま市北区櫛引町二―六〇四
筑摩書房サービスセンター　電話〇四八―六五一―〇〇五三

『キャッシュフロー101』で ファイナンシャル・インテリジェンスを高めよう!

読者のみなさん

『金持ち父さんシリーズ』を読んでくださって、ありがとうございました。お金についてためになることをきっと学ぶことができたと思います。いちばん大事なのは、あなたが自分の教育のために投資したことです。

私はみなさんが金持ちになれるように願っていますし、金持ち父さんが私に教えてくれたのとおなじことを身につけてほしいと思っています。金持ち父さんの教えを生かせば、たとえどんなにささやかなところから始めたとしても、驚くほど幸先のいいスタートを切ることができるでしょう。だからこそ、私はこのゲームを開発したのです。これは金持ち父さんが私に教えてくれたお金に関する技術を学ぶためのゲームです。楽しみながら、しっかりした知識が身につくようになっています。

このゲームは、楽しむこと、繰り返すこと、行動すること——この三つの方法を使ってあなたにお金に関する技術を教えてくれます。『キャッシュフロー101』はおもちゃではありません。それに、単なるゲームでもありません。特許権を得ているのはこのようなユニークさによるものです。このゲームはあなたに大きな刺激を与え、たくさんのことを教えてくれるでしょう。このゲームは、金持ちと同じような考え方をしなくては勝てません。ゲームをするたびにあなたはより多くの技術を獲得していきます。ゲームの展開は毎回違います。あなたは新しく身につけた技術を駆使して、さまざまな状況を乗り切っていくことになるでしょう。そうしていくうちに、お金に関する技術が高まる

『キャッシュフロー101』
家庭で楽しみながら学べる
MBAプログラム
CASHFLOW 101 $195

『キャッシュフロー・フォー・キッズ』
6歳から楽しく学べる子供のためのゲーム
CASHFLOW for KIDS　$39.95

と同時に、自信もついていきます。

このゲームを通して学べるような、お金に関する教えを実社会で学ぼうとしたら、ずいぶん高いものにつくこともあります。『キャッシュフロー101』のいいところは、おもちゃのお金を使ってファイナンシャル・インテリジェンスを身につけることができる点です。

はじめて『キャッシュフロー101』で遊ぶときは、むずかしく感じるかもしれません。でも、繰り返し遊ぶうちにあなたのファイナンシャル・インテリジェンスが養われていき、ずっと簡単に感じられるようになります。

このゲームが教えてくれるお金に関する技術を身につけるためには、まず少なくても六回はゲームをやってみてください。そのあと本などで勉強すれば、あなたはこれから先の自分の経済状態を自分の手で変えていくことができます。その段階まで到達したら、上級者向けの『キャッシュフロー202』に進む準備ができたことになります。『キャッシュフロー202』には学習用のCDが5枚ついています。

子供たちのためには、六歳から楽しく学べる『キャッシュフロー・フォー・キッズ』があります。

『キャッシュフロー』ゲームの創案者
ロバート・キヨサキ

ロバート・キヨサキの「金持ち父さん」シリーズ

金持ち父さん　貧乏父さん
アメリカの金持ちが教えてくれるお金の哲学
定価（本体価格1600円＋税）　4-480-86330-3

金持ち父さんのキャッシュフロー・クワドラント
経済的自由があなたのものになる
定価（本体価格1900円＋税）　4-480-86332-X

金持ち父さんの投資ガイド　入門編
投資力をつける16のレッスン
定価（本体価格1600円＋税）　4-480-86336-2

金持ち父さんの投資ガイド　上級編
起業家精神から富が生まれる
定価（本体価格1900円＋税）　4-480-86338-9

金持ち父さんの子供はみんな天才
親だからできるお金の教育
定価（本体価格1900円＋税）　4-480-86342-7

金持ち父さんの若くして豊かに引退する方法
定価（本体価格2200円＋税）　4-480-86347-8

金持ち父さんの
日本オフィシャルサイトにようこそ！

ロバート・キヨサキが経済的自由への旅を案内します。「金持ち父さん」シリーズやキャッシュフローゲーム会の最新情報は、いち早くここでチェック。ゲームや書籍、オーディオCDなど、「金持ち父さん」の教材も購入できます。また、フォーラムで仲間をさがしたり情報交換をすることもできます。あなたの夢を実現するために、ぜひ役立ててください。

金持ちになりたい人は今すぐアクセス→**http://www.richdad-jp.com**

▲表示されている価格はすべて2006年3月現在のものです。